如何找到下一份好工作

転職の
最終兵器

転職の最終兵器

[日] 安斎响市 著
伍明君——译

花山文艺出版社
河北·石家庄

图书在版编目（CIP）数据

如何找到下一份好工作 /（日）安斋响市著 ；伍明君译. -- 石家庄 ：花山文艺出版社，2023.10

ISBN 978-7-5511-6900-4

Ⅰ. ①如… Ⅱ. ①安… ②伍… Ⅲ. ①职业选择－通俗读物 Ⅳ. ①C913.2-49

中国国家版本馆CIP数据核字(2023)第154177号

河北省版权局登记冀图登字：03-2023-156号

书　　名：如何找到下一份好工作
Ruhe Zhaodao Xiayifen Haogongzuo

著　　者：（日）安斋响市

译　　者：伍明君

责任编辑：梁东方

责任校对：李　伟

装帧设计：Yuutarou　任尚洁

美术编辑：王爱芹

出版发行：花山文艺出版社（邮政编码：050061）
（河北省石家庄市友谊北大街 330号）

销售热线：0311-88643299/96/17

印　　刷：万卷书坊印刷（天津）有限公司

经　　销：新华书店

开　　本：880毫米×1230毫米　1/32

印　　张：7

字　　数：151千字

版　　次：2023年10月第1版
2023年10月第1次印刷

书　　号：ISBN 978-7-5511-6900-4

定　　价：52.00元

写在前面

你最后一次觉得“工作很开心”是什么时候?

有人回答“是昨天”,也有人会迟疑:“到底是什么时候来着……”

对于上班族而言,工作就是一直处理那些没结果的麻烦事,而且新的任务还会没完没了地接踵而至。除此之外,工作里还有蛮不讲理的上司、“摸鱼”偷懒的中年大叔、话不投机的同事,以及少得可怜的工资,甚至还有可能遭遇职权骚扰……

本书讲述了一个**“东山再起的故事”**,适合正为工作和职业规划而苦恼的读者朋友。如果你不认同自己现在的公司、工作内容,以及周围的环境,因为不满意现状而意志消沉,盼望着自己有朝一日能在新的天地里重新绽放的话,那么这本书将会让你了解到**“职业规划的一种方案”**——如何找到下一份好工作。

这是讲究技巧的。

如果在没有掌握具体的方法论和基本的思考方式的情况下就贸然行动的话,那么你的职业规划很难转向一个好的方向。

本书最大的特点就是**以“讲故事”的形式让你学习找到下一份好工作的实践性思维,这样你就可以清晰地“体验”整个过程**。故事里有我作为求职者在过去4次跳槽中学到的经验教训,也有我作为大型企业的面试官在招聘过程中总结出的心得体会。我把它们汇总成了21个“换工作的黄金锦囊”融入故事中。

阅读本书的过程中，你将会和主人公松村一起思考未来的职业规划，仔细学习找到下一份好工作所必须具备的知识点。相信读到最后，你就会掌握“黄金锦囊”，顺利换到工作。

当然，我并不是说大家都要不管不顾地选择换工作。我是想说，如果完全没想过“换工作”的可能性，执着于一直待在同一家公司的话，未免有些浪费人生。

我想告诉大家，换工作拥有“改变未来的力量”。

作为过来人，我很想把自己的经历分享给大家。换工作令我东山再起，不仅让我命悬一线的职业发展得以重生，同时也改变了我的人生。

所以，我也很希望大家能尽早体会到人生转变的那一瞬间。

那么，故事就要开始了。

“找到下一份好工作的绝招”到底是什么呢？

请你亲自来一探究竟。

序章

*本故事纯属虚构，包括文中出现的人物、团体、名称等，与现实生活毫无关联。

不知道从什么时候开始，变得对周五翘首以盼。

也不知道从什么时候开始，周一早上迈向公司的脚步变得沉重起来。

又是从什么时候开始，再也没觉得过“我喜欢工作”。

我的名字叫松村辉，大学毕业后就进了日系大型制造商POPAI电工株式会社[①]（以下简称为POPAI）。今年是我在这家公司的第5个年头，供职于东京总部的海外营业部[②]APAC（亚洲&太平洋）营业课。

POPAI是TKG[③]行业的大厂，是名号响当当的日系老字号大企业，也是所谓的JTC（Japanese Traditional Company，即

①POPAI是“POPEYE”的日语音译，本意是“大力水手”。作者在此是想采用该词本身的形象来刻画这家公司。株式会社是股份有限公司的意思。——译者注

②“营业”是日语词，可以理解为业务或者销售。在部门名称和职务名称中，以“营业”形式保留。——译者注

③作者虚构的行业名称。——译者注

日本传统企业）之一。当初我拿到POPAI的OFFER（录用通知书）时真的很开心，又激动又兴奋。

没错，直到进公司之前，我都是那样的心情……

“喂，松村！你这个资料是什么啊？我说过多少次了？明石本部长[①]讨厌横向图表！你还弄成这样，这怎么能审批得下来？真的是！”

“对……对……对不起！那一页是过去3年的业绩推移表，所以我想横向展示的话，会让业绩变化显得更一目了然。”

“哈？你进公司几年了？”

“……5年了。”

“啧！你都进公司5年了，长点儿心吧！你给我听好了，我们的工作任务就是顺利开完月末的营业会议，不被明石本部长挑刺，不挨骂。你这个什么‘一目了然’根本就不重要。重要的只有明石本部长吃哪一套。”

POPAI这家日系老字号大企业充满了浓厚的昭和时期[②]的年代感。比起做好业务本身，倒不如学会“事前调查”“内部协调”“讨人欢心”“社内应酬”，这样才是把握住了工作的命门。

我今年27岁了，终于意识到自己无法再抑制从刚进公司开始内心就一直有的想法：**“再这样待在这家公司的话，我怕是要完蛋了吧？”**

---

①“本部”是一个比“部”更高的机构，通常管理一个区域或几个“部”。“本部长”的职位比“部长”更高。——译者注

②昭和是日本天皇裕仁在位期间使用的年号，昭和年代指1926年12月25日至1989年1月7日。——编者注

但即便有这种担忧，我也不知该如何是好。我第一份工作选择POPAI，是看中了它作为“日系老字号企业”所能提供的待遇、平台，以及其对社会有很大影响的商业规模。

如果选择离开POPAI，我不知道自己还能不能遇到比现在更好的工作。而且，我身上似乎也没有其他公司需要的“市场价值”。

这样想着，松村又像往常一样郁郁寡欢。他在回家路上的便利店买了罐啤酒，拖着沉重的步伐向家走去。他的头慢慢耷拉下去。

无数座写字楼里溢出的灯光和餐饮店五彩斑斓的招牌，照亮了东京街头。

这是我曾经梦寐以求的大城市，从前我很喜欢这里。

这一刻，我却感到极度厌倦，我讨厌那耀眼的灯光和忙碌的喧嚣。走在街头，我不禁逐渐看向自己的脚下。

一个闪念，我想起了安斋前辈——差不多一年半之前从POPAI离职的安斋响市。

他好像大我3岁，有30岁了吧。

某种程度上来说，他还挺厉害的。

他从别的公司跳来POPAI，结果不到一年又突然离职。同一个部门的前辈们都戏称他为“跳蚤”，但他本人并不以为意，说走就走了。

不知道他现在过得怎么样。

我不禁有些好奇起来。

可能是换工作的念头在我脑海中一闪而过的缘故。

我身边几乎没有换过工作的人。

POPAI的同事几乎都是以应届生身份进来的。

像安斋前辈那样跳槽进来的员工本来就很少，而在我自己所在的部门，还有海外营业部的其他部门里，换过工作的人可以说是“例外”，少之又少。

不过，就算身边有换过工作的人，我也不能在公司里逮着谁问谁。说到底，还是我没什么换工作的胆量。

但是，在公司觉得很憋屈的时候，我还是会想起安斋前辈。他从上一家公司跳来POPAI的时候，和我是同课的同事，但他只待了短短一年就又像龙卷风一样说走就走，去了别的公司。他现在过得幸福吗？还是后悔离开了POPAI呢？

我非常想知道**换工作的人后来都怎么样了**。

对了！我去找深田前辈问问看吧。

我记得欧洲营业课的深田前辈和安斋前辈是通过同一批社招进来的，他们俩的关系还不错。

想到这里，松村一口喝完了那罐已经不冰的啤酒，合眼睡去。

那一刻，松村不曾想过，隔天开始，自己的人生将会迎来一场翻天覆地的变化。

目录

第1章
这个公司糟糕透顶

第2章
第一次换工作失败

第3章
换工作的过程就像那天的恋爱

第4章 找到下一份好工作的“最终武器”

第5章 当你长出翅膀，飞出绝境之地

第1章

这个公司糟糕透顶

一直做“合不来”的工作，永远也不会感到幸福

“那……那个，深田前辈，请问你现在方便吗？”

“噢！是松村君呀，好久不见，怎么啦？”

深田翔介，30岁，欧洲营业课的明星员工。

他是从其他公司转过来的，刚进公司5个月就被选为“驻海外培训生”，去POPAI英国分公司伦敦事务所工作了半年，是社招员工里的年轻潜力股。

他毕业于美国名校，英文讲得十分流利，身边的同事都很看好他。深田不仅工作能力强，而且非常擅长电子表格软件EXCEL，在公司里享有“EXCEL贵公子”的美名。

“深田前辈，那个，我记得你和我们部门之前的安斋前辈关系挺好的吧？”

“哦！你说那个‘跳蚤’呀。他不是已经离开POPAI一年多了吗？听说他在新公司做得不错。”

“是吧……我听说他好像回以前的行业了，那他离开POPAI之后都还挺好的，是吧？”

“你找那家伙是有什么事吗？”

“不是，也没什么特别的事情。我就是想着POPAI的离职率挺低的，而且很少有人做那么短时间就走的，所以想知道他现在过得怎么样。”

以前，我和安斎前辈并不是很熟。

POPAI有一条金规铁律，那就是每次和前辈、上司喝酒聚会，必须奉陪到第二天早上，而安斎前辈屡屡打破规矩，总是一次会①结束后便直接回家。正是因为他的我行我素太得罪人，后来他就被同事们边缘化了。

前辈们告诫我说：“那家伙就是个‘问题儿童’，从来没有人像他一样对应酬那么敷衍的。据说他已经上了人事部的黑名单，你可别跟他有什么来往才好。”于是，除了业务交集，我几乎没跟他聊过天。

一年前他突然提出离职，和部门内的各位同事一一打招呼时，他脸上透着一股洒脱，仿佛经历了重生一般。我直到现在都还记得他在公司最后一天在走廊上哼着歌跳着走路的小学生模样。

在公司里，我总听到身边同事感叹：“我们能进POPAI真是太好了，哪儿还有这么棒的公司啊！”“POPAI是百年企业，我们这辈子应该能稳妥干到退休咯！”

同部门的同事中，唯一没有沾染上“POPAI文化”，能够说

①指应酬聚会。通常，如果在第一家聚完还没尽兴，就会去第二家，也就是“二次会”；如果仍然不够尽兴，则会继续去第三家，即“三次会”；后续可以以此类推。——译者注

走就走的，也就只有安斎前辈了。

“对了，刚好今晚我和安斎约了去喝一杯，你要不要一起来？就在品川站附近，吃西班牙菜。”

“欸？啊……那不好吧……我这个外人，不会打扰你们吗？”

“哎呀，没多大事，约的是安斎嘛，又不是款待什么大领导，你别那么客气。”

“那……那，好的。”

“松村君？哎哟，我没有强迫你的意思啊。你其实是找安斎有事儿吧？我也不是经常跟他碰面的。今天机会难得，就想着要不咱们一起呗？”

“谢……谢谢！深田前辈，今晚我是真的很想加入你们的。”

“好啊，那就一定要来！那咱们6点半左右在公司大门口碰头，一起出发吧？”

“好，好的！那就拜托了！”

“对我和安斎，你不用这么毕恭毕敬的啦（笑）。”

还真是意料之外，我居然今天就要再次见到安斎前辈了。

在POPAI，离职者一般会被视为“叛徒”，正常退休和因为结婚而选择回归家庭的女员工除外。所以，一般没人和离职员工保持联系，也不会有人打听他们后来的情况。

由于POPAI的员工连续工龄长、离职率低是出了名的，而且离职被认为是不道德的行为，所以在公司里光是提到“背叛者”的名字就已经是犯了大忌。

如果被同部门的前辈们知道我和安斎这个通过社招进公司、待了短短一年就离职的“反POPAI势力”聚餐的话，那我就完蛋了。

当我和深田前辈一起出发前往品川站附近的西班牙小酒馆时，安斋前辈好像已经到店里等我们了。

“哟，你来啦，‘EXCEL英国绅士’！”

“对对，合并单元格，然后女士优先[①]……弄错了，是‘EXCEL贵公子’啦！……虽然我也搞不懂这名号是怎么起的。算了，别闹了，安斋！”

“哈哈哈，抱歉，一想到你的‘EXCEL贵公子’名号就觉得好笑，忍不住想逗逗你。哦哟，松村君！我们很久很久没见了吧？！”

上次见面已经是一年多以前的事情了。

和之前共事时截然不同，现在的安斋满脸都洋溢着开朗的笑容。

不用问也知道，他现在肯定比在POPAI时更幸福。

寒暄之后，我们落了座，开始点单。菜单上都是西班牙啤酒的牌子，我们叫了招牌款先喝第一杯。上酒的工夫，安斋高兴地说了一句：“深田，恭喜你找到新工作！！”

“……欸？”

我顿时不敢相信自己的耳朵，欧洲营业课的年轻明星员工居然要跳槽？

“啊，不好意思，找到新工作这事儿我还没跟松村君说呢。”

“啊？松村君是在不知情的情况下来参加今天的聚餐的啊，抱歉抱歉，我说漏嘴了。其实今天的聚餐是为了庆祝深田成功跳

①此处是调侃“英国绅士”的说法。——编者注

槽的……”

“没事儿，反正明天公司也会公布的，没必要藏着掖着了……松村君，其实我呢，马上就要从POPAI离职了。6月开始，我就要去外资公司HONMADEKKA · JAPAN[①]工作了。”

听到这么令人震惊的消息，一时间，我整个人都蒙了。

说到HONMADEKKA · JAPAN，它是好几年前就名声在外的世界五强企业之一的日本法人公司。

其总公司在美国西海岸的硅谷，是世界级的大型IT企业。

也就是说，深田跳到那个HONMADEKKA去了啊。

太……太厉害了吧……应该是因为EXCEL技能太优秀被看中的吧。

之后大概3个小时的聊天中，我觉得自己就像身处另外一个世界一样。

“哎呀，在现员工面前说这话有点儿不太好，但是我真的觉得幸好我辞职了，好久没像现在这样感受到工作的乐趣了。深田，你居然忍了两年半啊。”

“毕竟我很在意‘在职时长’嘛，虽然我老早就想走了。安斋，你才是疯狂得很呢，进POPAI才一年就第二次跳槽了。”

“的确经常有人这样说我，不过我自己并不觉得。待一年还是两年，也没什么差别吧。咱俩都是从毕业后的第一家公司辞职进的POPAI，**如果在一家不怎么喜欢的公司一直将就着做下去的**

①HONMADEKKA是日本关西方言，意为“真的超大”，这里可以理解为规模很大的意思。JAPAN指日本。此处指外资企业在日本设置的分公司。——译者注

话，每天的工作又有什么意义呢？”

“是的，所言极是。我也没想过要为公司而活，只想按照自己喜欢的方式做自己喜欢的事情。所以，我现在终于下定决心，离开POPAI换一份工作。”

这时的深田比平时工作时显得更来劲儿。

安斋也一样，明明从大公司POPAI换到了一家小公司，他看上去却那么开心。

再看看我自己……

“啊，松村君，不好意思啊，吓到你了吧？我和安斋都没怎么受到POPAI氛围的影响，所以我们俩的职业规划可能不值得你参考。不过话说回来，你自己的路可得自己好好想想啊。

“公司呢，的确分为跟自己‘合得来’的和‘合不来’的。在合不来的职场一直做着合不来的工作的话，那你永远也不会幸福的。

“如果你是打心眼儿里喜欢POPAI的话，那就完全不用担心。但如果事实并非如此，你只是听从公司的人事安排和上司的指示，任由惰性拖着你度日的话，你肯定会后悔的。不过，跳槽也可以是你的一种选择。”

“……啊，是的，谢谢你的意见。说心里话，我都开始羡慕你们两位了。其实，我最近也对POPAI的职场环境感到了一些困惑，开始有了换一份工作的念头，但是拿不准其他公司会怎么评估我，也不知道自己到底有没有‘市场价值’。”

“没事的，总会有办法的。”

安斋前辈秒答了我的问题。

“哎，但是……”

“我明白你的担心。你一次换工作的经验都没有，心里肯定是没底的。其实，每个人都是一样的，连我也不例外。不过，做出评判结果的可是对方哟，也就是用人单位的面试官。

“你现在还没有找新工作，也没有仔细了解过要面试的公司，光是自己在这儿瞎琢磨就怕东怕西的话，也没什么意义啊。第一次换工作的时候，我还住在国外，是远程找的国内的工作。而第二次呢，是我刚跳槽才半年左右的时候。”

“那……那的确是挺难的……”

“听起来挺令人绝望的吧？但就是在那样的情况下，我也顺利拿到了OFFER，现在工作得也挺开心的。**所以，只要开始行动，你就会发现自然有解决办法。如果你什么也没做，只是在自顾自地烦恼，我觉得你不妨先试着去找找新的工作。**就好比有句话说得那样‘谁先开口搭讪，谁就能坐在美女旁边’，对吧？换工作也是同理啦。”

“没错，安斋‘所言极是’。我之所以能去HONMADEKKA工作，就是因为我鼓起勇气去参加了他们的面试。刚开始我也没有信心能拿到他们家的OFFER，但是如果不去面试的话，就什么都不会有。大家肯定也都是这样的，没有人是确信一定会拿到OFFER才去参加面试的。”

“哟，说得相当不错嘛，深田！真不愧是‘EXCEL英国绅士’呀！”

“可不是嘛，合并单元格，然后女士优先……你的眼里都是复制粘贴！！”

“……”

“……可真有你的呀，深田，在后辈面前讲这么烂的哏。”

虽然深田前辈的第二次自嘲完全翻车了，但这次聚餐让我很受触动。

深田前辈和安斋前辈可以说是一点儿都没有受到POPAI文化的影响。

和我那些打算在POPAI一直干几十年、心里只有公司的前辈比起来，他们俩明显就是完全不同的“人种”。

这样看来，说不定我今后的人生也不会全部交给POPAI。我也有换工作这条路可以选。

这是我大学毕业进公司4年多以来，头一回清楚地意识到我有“换工作”这个选项。

看着眼前的两位前辈这么兴致勃勃地聊着跳槽和职业规划，我不禁想到，如果我换一份工作的话，说不定也能这么开心地谈论自己的工作呢。

说心里话，那个时候我还不知道像我这么差的人，是留在现在的公司唯命是从好，还是像两位前辈一样有机会跳到别的公司、开启新的人生旅程好。即便如此，我还是觉得当时的自己内心感受到了一点儿“光亮”。

夜里10点刚过，我和两位前辈道别，带着西班牙啤酒带来的蒙眬醉意，脑子里想着事情，踏上了往常的回家路。

像是被他们俩赋予了勇气一般。松村和前一天晚上全然不同，他两眼坚定地看着前方。

换工作的黄金锦囊 1

自己的职业规划自己做

“如果在一家不怎么喜欢的公司一直将就着做下去的话，每天的工作又有什么意义呢？”

能够说出这句话的人，一定是让自己脱离了“不合适的地方”，又自食其力找到了“属于自己的地方”的人。

对于所有上班族来说，职业规划不是靠公司做的，而是靠自己。

公司提倡的“员工长期职业规划支援”“支持员工实现自我价值的人事评价制度”不过都是些场面话罢了。硬要说的话，它们的本质不过是“培养能长期为公司做贡献的员工”。

某种程度上来说，公司认为的“应该表彰的优秀员工”指的是“符合公司要求的员工”。

一味地听从公司的人事安排，任由惰性思维支配的话，职业发展未必能如自己所愿。在“不合适的地方”再怎么努力，也无法调动工作积极性，自然也很难取得什么成绩。

当然，如果对自己当前的工作环境非常满意，那就没什么问题。但如果你对眼前的职场充满不满和不信任，还是很有必要认清现状的——“现在所在的公司并不是你的全部”。

有一句话叫作“被安置在哪里，就在哪里开花”，但有可能“被放置的地方”碰巧不是“能让你绽放的地方”。

在晒不到太阳的阴暗角落里，就算你再努力，可能最多也只能开出一朵又小又脆弱的花朵。

这句谚语的意味确实挺好的，但任何一句名言都会因为它的使用环境而产生不同的效力。有时候它会变成一句“咒语”，令人困苦不已。比起在“被安置的地方”一直隐忍，长期持续痛苦，我觉得“自己的处身之所由自己决定”的意识更重要。

“井喷式的成长”在哪里？

跳槽。

这个念头以前只是出现在我脑海里的偏角一隅，在与两位前辈交谈之前，我完全没想过它是真实存在的选择。

一直以来，我都觉得自己压根儿没有找到一下份好工作的本事。

一定是POPAI的文化氛围影响了我。虽然我在这里也遭遇了很多麻烦事，但可能我还是觉得**应届生进入POPAI这样的公司才是正确的选择**。

松村想起了大学毕业后进POPAI的那些日子。

故事要说回到4年前。

那是春天里的一个晴天，POPAI电工全球总部的大楼前樱花飞舞。

4月1日举行入职仪式那天，207名新员工在大会议厅集合。在重复练习了好几次起立、坐下和45度的鞠躬礼仪，以及“收到”的回应后，正式的仪式终于开始了。

同期的木下君代表新员工发表致辞。

“我们新员工要把作为POPAI一分子的热血和骄傲刻入骨髓！我们要一直铭记每日努力和自我钻研，绝不辱没POPAI的名声！我宣誓，我将会全心全意地尽忠奉公，为公司拼命，为公司效力！！”

“**我宣誓**（齐声）！！”

入职仪式进行到一半的时候，全员一起唱起了社歌《吹在POPAI山上的风》——歌词是好几个月前人事送来CD让我们记的。

啊——优秀的POPAI……

啊——POPAI……

为何是那样的POPAI(和声)……

老实说，我完全不懂歌词的意思。起立、坐下和鞠躬的练习，像极了我在学校接受的教育，我身上的“学生气”一点儿也没因为进入社会而褪去。

那之后的新员工培训，演练如何接听电话、保留电话、交换名片、参观店铺、发表感想，都像极了我在学校的日子。所以，我并没感觉到自己已经踏入社会。

同时，我又觉得每天过得像在学校一样，还能拿工资，进入社会远比自己想象的要轻松啊。

经过2个月的培训，207名新员工不分文理科，几十人一组，全数被分配到全国各地的工厂，去接受为期6个月的“产线实习”。

我被分配到了群马县高崎市的POPAI电工TKG事业部——TKG群马第三工厂。

群马的工厂赫然矗立在一个放眼望去除了田野什么都没有的农村里，步行到最近的车站都要45分钟。

工厂里每天都有数以千计的工人在开工，他们都是工期为3个月的短期工——这个工厂给当地创造了不少就业机会。

我踏入社会后的第一份工作是启动产线，仅此而已。

在TKG群马第三工厂的组装产线上，我做了好几个月和短期工的工作一样的流水线作业。

说白了，其实就是体力劳动。有时候夜班从晚上10点一直到第二天早上5点，身体真是吃不消。

要说工作难度很高，倒是完全没那回事。

工厂的自动化程度很高，所以产线作业其实就是把装有零件的箱子搬到工业机器人面前，对其进行一番设置，然后按下开始键，就这么简单。

而高难度的生产、加工、质检流程，全都由机器人自动作业。

若干年后，“搬零件、按按钮”这种工作也会全部实现自动化吧。

这么一想，**我便常常感到疑惑：“我每天兢兢业业地工作，到底是在积攒什么经验呢？这明明是未来会消失的工作啊。”**

一丝不安悄悄地埋在了我的心底，我踏入职场的第一年就这样在群马的工厂里度过了。

而我那从大学就开始交往的同年级女朋友彼时身在东京，我们已经好几个月没有见过面了。

8月，盂兰盆节的时候，我们在东京见了久违的一面。不知怎的，我觉得她与我似乎有些生疏，两个人不再像从前那样开心地谈笑了。我心想："是不是踏入社会之后，大家身边的环境都发生了很大的变化，没办法再像过去一样了？"

然而，我完全没有意识到，女朋友的心已经渐渐离我而去。

那个假期，让我内心泛起波澜的，除了女朋友的冷淡态度，还有我的大学同学在职场上取得的成绩。

进了外资IT企业的岛村君，在用公司独家开发的工具学习分析大数据的编程；进了综合商社的市川君，下个月将会去德国慕尼黑出差，和客户进行商务谈判。

再看看我，在群马县农村里住着破破烂烂的木头宿舍，在工厂里穿着工服、戴着印有"POPAI"标志的安全帽，每天早上8点开始和一群大叔一起做体操。

午休的时候就在员工食堂吃一份165日元的廉价咖喱饭，除此之外的时间，我都待在产线上，做着谁都能做的活儿。

我和同辈人拉开了巨大的差距吧？

这股隐隐的担忧直击我心头。

欸？

这很奇怪吧？

我是进了传说中的那家"POPAI"吧？

我是历经严格的层层筛选进入了我想进的公司吧？

我一直在好好努力吧？

但是，为什么我会这么惶恐不安呢？

我也曾找人事部负责"产线实习"的前辈聊过。

“哈哈哈，松村君，你该不会是自我感觉良好吧？你想多了。应届生进公司的前一两年，主要是用来培养对公司的忠心、磨砺心志、打基本功的。你放心吧。**随着工龄的增长，大家都会自动升职加薪的，你没必要现在就开始担心自己的职业发展。**”

这一番话反而令我更不安了。

随着工龄的增长，大家都会自动升职加薪的……

我很清楚POPAI是“年功序列制”[①]公司。但我的理解是，升职加薪是得益于公司的培养体系，它能让员工在工作中积攒技能，发挥个人特长，从而实现自我成长。

当有人告诉我“大家都会升级，所以没必要成长”的时候，我不禁质疑这样真的好吗？免不了对未来有些不安。进公司之前，在企业说明会上，人事部招聘团队喊了好几次“井喷式的成长”的口号，它被落实到哪里去了呢？

不知不觉间，冬天来了。

我又被派到了青森县的八户分店。

6个月的“产线实习”之后是8个月的“营业见习”。这一次，文科类综合职[②]的52名应届生两两一组，被分配到全国各地的营业分店。

①“年功序列制”为日本的一种企业文化，以年资和职位论资排辈，制定标准化的薪水。通常搭配终身雇佣的观念，鼓励员工在同一公司累积年资到退休。——译者注

②综合职指公司骨干、管理职的储备岗位，类似于管培生。理科综合职一般是技术相关职务，文科综合职一般是行政相关职务。——译者注

冬天的东北冷得超出我的想象，浑身上下只有一件廉价羽绒服的我，第一天到那边的时候差点儿被冻死。

东北的同事看到我便吐槽“穿成这样也敢来”，但我也是一周前才被通知要调来青森的。接到通知之前，我还在群马工厂吃着165日元的咖喱饭，过着无忧无虑的日子。

这也是我人生第一次来到东北——在什么都不懂的情况下来到这里。

我知道说这些也于事无补。

是我自己选择了进入这家有“综合职位”和“全国转岗”的公司，所以当然会碰上突如其来的人事调动、下派地方的情况。这一点我也是理解的。

但是，我无法理解的是工作内容。

在营业分店的停车场扫雪，在附近的住宅区张贴宣传单，给老客户制作手写新年贺卡并印制、寄出……都是一些杂事。

继工厂的流水线作业后，接下来就是做这个啊……

因为8个月后我会被调回总部，所以分店的同事们实际上当我是外人。我偶尔会听到他们感叹两句：“哟，今年总部又有小年轻过来啦。转岗族们可真是辛苦啊。”他们平时对我倒也还可以，但并不会在工作上对我有任何指导。于是我又陷入了不安。

“哎，金田，我们每天做这些杂事，转眼一年又要到头了。你说我们到底有没有在进步啊？”

我随口向同期进公司的金田问道。

金田健是和我一起被派到八户分店的，我们刚好也同岁。

我和金田在群马第三工厂时就被分到了一起，所以来到青森之后我们也基本一起行动。一起去扫雪，一起去发传单，对我来说，他就像是战友一样。

“我说松村你呀，有时候脑子还真是有点儿短路。我们每天净做这些个打杂的活儿，怎么可能会有进步啊？我虽然没想到自己会被突然扔到青森来，但更没想到来这里的工作就是扫扫雪、发发传单、写贺卡这些。在当今这个时代，他们不去社交网站上发广告，也不写邮件，而是把纸质传单放到每家每户的信箱里，一封封地给客户手写贺卡。说真的，POPAI完全跟不上时代，你说是吧？”

金田是个很耿直的家伙，说话直来直去的。和总是察言观色、战战兢兢的我不同，他性格要强，有行动力，脑子转得也很快。

“是啊，咱们做的‘TKG’又不是面向老年人的产品，这推广方法却像是30年前的。话又说回来，如果在工作中没有进步的话，我们每天做这些还有意义吗？”

“意义啊，没有吧？确实没有。但咱们毕竟还在见习期嘛。等明年调回总部，应该能慢慢积累一些大企业的商务经验吧？现在呢，就像是蛰伏期。我想，地方的分店和总部肯定会有差别的，对吧？

“而且，**我觉得想‘进步’并不能干等着公司给机会。它不光可以在工作中获得，也可以通过自己看书、考证来实现。**我准备明年内考到FP2资格证，因为想去总部的会计部。眼前的工作虽然是一坨屎，但它又不是我的全部，你说是吧？”

原来如此，的确是这么回事。

光是吐槽“做这些流水线作业既没有长进，也没什么职业发展”毫无意义。

不知不觉间，我可能真的把公司当作“学校”了：我们是因为老老实实地听从公司安排，才能拿到每个月的薪水的。公司并不是为了每个人的成长才给我们分配工作的。我不能把自己没什么长进的原因全部归咎于公司。

“牛啊，金田。你真是说到点子上了。”

“先别管那些了，松村，今天是平安夜吧？你是不是有女朋友来着？”

“啊！你提醒我了！”

今天是12月24日，平安夜。

我倒也没忘记这茬儿，只是最近工作太忙了，没顾得上和女朋友联系。我赶紧给身在东京的女朋友打电话，那会儿是晚上8点。

“……小辉，对不起。我现在和‘他’在一起，你别再找我了。拜拜。”

嘟嘟嘟。

她只说了那一句，就结束了我们从大学开始的3年感情。不过，也可能从很久以前开始，她就不再把我当作男朋友了吧。

到底为什么会走到今天这个局面……如果我没有被从东京调到群马，然后来青森，我们能像从前一样和谐相处吗？这么一想，我才发现，我们已经4个月没见面了。

盂兰盆节最后一次和她见面的时候，她不经意地问我："结婚的事情，你是怎么想的啊？"当时我随便应付了两句："哎呀，这不是刚开始工作嘛，那个等工作稳定了再说吧。"把她糊弄过去了。

是因为我没有认真地面对她，才走到今天这个局面的吧。

是我太没把她放在心上，我们才会不经意间疏远了彼此吧。

我不知道，我什么都不知道。

平安夜。

我和金田两个人在KTV唱到了第二天早上。

我什么也没说，但金田都懂。我一遍又一遍地唱着往年的恋爱主题热门歌曲，唱到声音嘶哑，唱到满脸泪水。

眼泪模糊了我的双眼，我看不到我的明天。

我的人生、职场的未来，全是一片模糊。

空中到处弥漫着冷空气，已经快要封印我的心。

换工作的黄金锦囊 2

工作中没有进步，是谁的问题？

这个问题在应届生工作的第一年很常见。

“毕业的时候拼尽全力找工作，踏入社会后却往往大跌眼镜。”

“继续在这无聊的岗位上待下去，对自己的职业发展也没什么帮助。”

应该有不少人是这么觉得的吧。

踏入社会后，拿到公司给的“名片”，就会有一种“人生进入新阶段”的错觉。但实际上应届生内里依旧是学生模样，也尚不具备“马上进入战斗模式的能力”，所以慢慢就会厌倦眼前索然无味的工作。

话虽如此，但如果刚踏入社会一两年就辞职，大抵也没什么好处。

不论是做什么工作，最初的3年必然都有“可以学到的东西”。即便是乍一看没什么意义的工作，也不例外。比如公司的决策过程、一线的工作氛围、如何很好地与公司内外的人沟通，都可以让人汲取到不少经验。

如果觉得当前的工作方式相当低效且浪费时间，那可以通过思考“如何改善、提高效率”来创造机会实现自我成长。

就像金田所说的那样，要想“进步”并不能被动地等待公司给机会。在工作中没有长进真的都是环境的问题吗？还是说，成长空间取决于每个人自己呢？在打算跳槽之前，我建议大家先认真地反思一下这些问题。

如果应届生第一份工作没做多久就马上离职的话，可以选择的下家其实相当有限。因为绝大多数企业的招聘要求上都会写明“需要3年以上××经验”“需要××行业5年以上经验”。

这种情况下，拿到OFFER的难度会加大，工作内容也未必能够如愿，而且还有降薪的风险，这些都得先做好心理准备。

也有一些应届生运气好，碰上了“能显著提升能力的工作”，但同样的工作连着做好几年，新鲜感也会淡去，能学到的东西会越来越少，每天只会想着“完成任务”。

毕业工作几年之后，打好了社会人的基础，就要有“挑选工作”的意识了。

比如，递交调岗申请、应征公司内部的公开招募、挑战部门内的新工作，等等。如果公司内部实在没有自己想做的工作，还有“换工作”这个选项。

重要的是，要自主学习，抓住成长的机会。

东京总部和海外营业部的“洗礼”

次年7月，我和金田同时收到了东京总部发布的调回任命。

调令出来的时候，我已经完全适应了青森的气候，想着营业见习也该告一段落了。金田被分配到了他想去的会计部，而我则被分到了“海外营业部APAC营业课”。

进公司马上满一年半时，我的见习期终于结束，我迎来了正式的分配。

听说，日系大公司一般都会将新员工进公司之后的2~6个月作为培训期，但几乎没有像我们这样培训一年以上的。

当初一起进公司的207名同期员工中，有3人在这一年多一点儿的时间里辞职了。

听说当中有两人是因为得了精神病才离开的。因为当初转岗的时候大家被分散到了全国各地，并不知道实际到底发生了什么，所以听到消息的时候我后背一凉。

我们这群新人突然被扔到无亲无故的地方，在工厂里干苦力，在乡村营业分店打杂，想到这些经历，我很能理解他们的心情。

话说回来，在现在这个年代，207名新员工在第一年才走了3个，也算少的了。

“我们终于被调回总部了。”

我和金田站在东京都品川区的POPAI电工全球总部大楼（俗称“POPAI塔”）前感叹道。

“嗯，是啊。金田，我跟你从群马工厂时就在一起了，如果算上发OFFER等入职的时间，咱们都有两年的交情了。你能如愿被分到会计部，我真替你开心。”

“谢啦！算我没白念叨。松村，你本来是想做国内营业岗的吧？”

“是啊。虽然都是营业岗，但是我的英语不太行。留学组的‘西田君’、在国外长大的混血‘舍甫琴科·山田’[①]也都被分到了海外营业部，跟他们在一起，我有点儿担心自己能不能搞定海外营业的工作。”

“那咱们一起加油吧！从现在开始，要正式踏入社会了！”

漫长的见习期终于结束了，从这一刻开始，我们就要在这个全球总部里积攒POPAI的商务经验了。

我终于可以不用“打杂”而是要“做正事”了。

这是那一刻我的想法。

我当真是那么以为的。

在总部的每一天，对我来说都是磨炼。

---

①舍甫琴科，乌克兰足球运动员，有“核弹头”之称。此处是对山田的戏称。——编者注

所谓的“磨炼”，并不是褒义。它不是为了迎接未来的挑战，倒像是在黑暗沙漠里度劫。

海外营业部APAC营业课的工作和我想象的完全不一样。

“喂，松村！”

“我在，您是要问下周的展会准备得怎么样了吗？”

“哈？谁关心展会啊。我要说的是这周六大山部长和前原部长的高尔夫球局的事情。你当天早上5点半开车去大山部长家里接他，记住了吗？坚决不能迟到！”

“好……好的……”

“你这不情愿的语气是什么意思？你啊，搞清楚没有，能被派去当高尔夫球局的司机，这多有面子啊！这就是工作任务，你可得好好干！”

“好，好的……”

我的上司说，这是“工作任务”。

周末的高尔夫球局，我的工作是开车去部长家里接他。

如果是这样的话，那就应该算作“周末出勤”，理应可以申请补休；早上5点前就要去租车接人的话，那应该有加班补贴才对。但这些要求我都不敢开口提。

“松村君，你要当高尔夫球局的司机了啊。”

比我大两岁的吉田前辈过来搭话。

“听好了，松村君。你这次的工作虽然是接送大山部长，但也要提前做好准备。你知道的吧？部长喜欢吃便利店的饭团。

他每次去打高尔夫的路上，都会在车里吃吞拿鱼蛋黄酱饭团。

“但是，如果你只买了吞拿鱼蛋黄酱饭团，那就是不尊重部长了。所以，一般在接他的时候，要准备饭团和鸡蛋三明治两种选择。虽然部长99.9%会选饭团，但你必须同时准备鸡蛋三明治。毕竟工作中没有什么是绝对的。”

“工作……吗？”

“是啊。接下来才是重点哟，松村君。你如果买的不是‘HEAVEN DRIVEN’①的饭团，那就完蛋了。如果你搞错了，买成了‘全爱’②或者‘杰森’③的日式吞拿鱼蛋黄酱饭团或者鸡肉饭团，你以后就别想再有出头之日了。

“你听懂我的意思了吧？这个工作的结果决定了你将来的升迁之路。好好准备饭团。”

我本以为他在开玩笑，但他的眼神又是那么严肃、认真。

“好，好的，是‘HEAVEN DRIVEN’的吞拿鱼蛋黄酱饭团，我不会买错的。”

那个周末，我按照嘱咐买好饭团和三明治去了部长家。在东京郊外安静的住宅区，一栋气派的别墅赫然矗立。

哇，部长的家也太豪华了吧？升到部长就可以住进这么好的房子吗？而且，停车场里停的也是豪车啊！他明明有这么好的车，干吗不自己开啊？过着这么好的日子，为什么要吃便利店的

①是“SEVEN ELEVEN”（7-11）的谐音恶搞。——译者注
②是“FAMILY MART”（全家）的谐音恶搞。——译者注
③是“LAWSON”（罗森）的谐音恶搞。——译者注

吞拿鱼蛋黄酱饭团啊?

太多为什么了，但我还是按照上司和前辈的嘱咐去做了。

不管怎么说，这是我的工作，是我在海外营业部的重要工作。

“那个，你，应届生，你叫什么来着？”

“……我叫松村。早上好，部长。今天请多多关照。早餐我为您准备了饭团和三明治，您想吃哪个？”

“先给我看一下。”

我从袋子里拿出在“HEAVEN DRIVEN”买的吞拿鱼蛋黄酱饭团和鸡蛋三明治，递给了部长。

“不错，及格。我吃饭团，你就吃鸡蛋三明治吧。”

“好的，谢谢。那我就不客气了。”

及格?

到底是什么“及格”了呢?

如果我从袋子里拿出来的是明太子饭团或者鲑鱼饭团，就会被判定为“不及格”，被公司开除吗?

那个周六，我顺利地完成了工作，当好了司机，让部长们尽情享受了球局。当然，我是不参加打高尔夫的，毕竟说到底我就是个“开车的”。

我想起了两天前吉田前辈说的那番话。

“首先，你有了当司机的‘成绩’，能力被管理层认可了，你才有机会成为正式的后援团成员，加入高尔夫球局或酒局。公司内部的应酬，其实水很深，这方面你可不能大意。只要你认真、努力地把眼前的工作做好，肯定能得到课长和部长的赏识。顺利的话，说不定下个月你就可以正式参加酒局了。对新人来说，刚开始是很关键的。你要打起精神来！”

原来这就是POPAI啊。

我甚至开始觉得，现在还不如待在群马工厂和青森分店打杂的日子。

即便是打杂，至少也是“为了顾客”在做事。

在群马第三工厂启动产线，也是把“TKG”产品送到客户手上所不可或缺的重要环节。

在青森县八户分店手写“新年贺卡”，虽说很过时，但说不定会有几位客户被这份笨拙的真诚打动呢。

那时，我一味地厌恶着产线工作和营业工作，但回到总部才发现，“比工作更重要的是酒局和应酬”。

这种体育社团一样的日企文化①体现在方方面面。

校招时选择POPAI，对我来说是一个正确的选择吗？

世界上其他企业的员工，也是每天过着这样的日子吗？还是说，只有POPAI这么奇怪？我想不明白。

---

①体育社团是中学、大学时期的课外活动组织之一，其文化特征明显，不仅存在于社团本身，在日本社会、职场上也屡见不鲜。其大体特征是：上下级关系明确；普遍自律，为达目标十分勤奋、努力；讲求精神论，看重干劲和秉性；注重礼节；社团聚会多；任何事都愿意尝试。与其相对的是文化社团。——译者注

一天天过着苦闷不堪的日子，不知不觉3年就过去了。

进公司第5年的春天，松村27岁了。

“松村！说你呢，你的订单业务弄完了吗？！”

“不……不……不好意思，植野系长！我现在马上弄！！”

“哈？！你还没开始做？”

“实在是非常抱歉！！”

“我在问你原因！究竟为——什——么——还没有做完！你回答我！！”

“是……是因为……那个，近藤前辈吩咐我改资料……”

“松村！！你别找借口了！！我不想听！”

“不……不好意思……”

她是植野系长，APAC营业课的前辈之一，负责带我。

她是海外营业部里能力第一的女系长，但是脾气暴躁得像魔鬼一样，尤其对后辈的教导极其严格，所以在公司里被大家叫作“破坏神·植野”。

以前被她折磨到要进医院的年轻员工不止一两个。

总之，为了不让她继续发火，我赶紧开始做“订单业务”：橡皮擦2个、笔记本4个、带POPAI标志的透明文件夹10个……

没错，“订单业务”就是下单采购部门日常的文具等用品。

不过是买一本笔记本而已，不知道为什么要手动输入信息到社内的专用系统中，提交管理层审批——这也是年轻员工的“重要工作”。

“在大企业POPAI的海外营业部工作”，这话听起来挺有头有脸的，但我每天做的事情都已经算不上打杂了，顶多算“流水线作业”。

除此以外，还有重复了上百次、上千次的复制粘贴工作，就是把海外据点发来的生产计划表中的数字一个个复制粘贴到零件下单系统中。类似的还有把海外据点发来的好几十页贸易相关PDF文件打印出来，再一张张地手写签名，然后装进信封寄到别的地方。说实话，我只觉得这些工作是无用功。

而且，比起每天的工作，大家更重视高尔夫球局和酒局这些社内应酬。

前辈们投在举办活动、宴会才艺表演、周末的高尔夫球局上的热情简直可怕。大概是因为工作内容都是些傻瓜作业的流程化操作，所以只有靠应酬来获取课长、部长的青睐，这样才能和身边的人拉开差距，得到升职加薪的机会吧。

我的大学同学，在外资IT企业上班的岛村君，据说已经升到了经理职位，下面带了3个人。

而在综合商社的市川君去年被派驻到墨西哥，已经能熟练使用英语大显身手了。

同龄的我却在下单采购公司用的橡皮擦和笔记本。

我真正想买的橡皮擦应该是“能够擦拭过去”的那一种吧。

光是想到这些，我就不禁觉得自己的处境十分可悲。

公司是公司，个人是个人，要做好区分

世界上有各种各样的企业，每家企业都有各自的风气和文化。

其中有些黑心公司认为义务加班是常态化操作，也有些公司遵循年功序列制，不让年轻员工上位，更有些存在职权骚扰的公司会把下属关进小房间大声训斥。

“公司是公司”“个人是个人”，这种区分意识很重要。

如果你在有名的大公司上班，即便公司的产品或者服务是大家耳熟能详的，厉害的也不是你，而是公司。而如果你在钱少活儿多的黑心企业上班，差劲的也不是你，而是公司。

也许有人也像故事里的松村那样，对自己的不幸处境感到绝望。但是，不管自己所在的公司有多么差劲，都不要因此而卑微地看待自己。

无论从哪个角度，都认为自己“和公司环境合不来”的话，你还有跳槽这个选项。

如果毕业后第一份工作做了很久的话，有的人会把“在那家公司工作”作为自己的身份之一。

然而，把公司和个人切割开来考虑，才是让自己不长期依赖某一家特定企业，从而做出长远的职业规划的关键点。

2021年，总务省[①]进行的《劳动力调查》结果显示，全国25~34岁的人中考虑过跳槽的达237万人次，同年龄段的人每5个人中就有一个人在考虑跳槽（数据来源于总务省统计局《劳动力调查》2021年7~9月的平均结果）。

另外，有些人可能对从长期供职的公司离职有些误解。虽说是离职，但过去积累的经验和在工作中得到的认可都不会“化为乌有”。用玩游戏来打比方的话，跳槽并不是“重来一局”，而是进入了“进阶的新一局”。

所以，即便你觉得自己眼下的工作很无趣，但也不可否认“××行业的经验”“3年以上××职位的业务经验”会成为你找下一份工作的一种武器。

只要在新企业的选择上不出错，那么过往的经验一定会以某种形式发挥作用。

把过去的经验好好发挥出来，积极迎接未来吧。

---

①“总务”是日语词，是职务的一种，可以理解为行政类工作。“省”为日本中央省厅的意思。“总务省”管辖行政（日常行政）、公务员、地方自治、选举与政治资金、通信传播、邮政，以及其他构成国家基础的诸制度，类似其他国家的内政部或民政部。——译者注

“大企业让人安心”只是个神话

不知不觉间，我已经在POPAI的全球总部做了3年不知所谓的工作。最近发生了一件让我格外有危机感的事情：几天前，公司发出了全社通知——《关于提倡提前退休项目的实施》。

其实就是裁员。

实施对象是45岁以上的员工。如果在今年9月份之前自行申请解约的话，他们可以获得额外的退休金赔偿。相反，如果选择继续留在公司，那就有可能被调整职位或者重新分配。如果被出向[①]到子公司的话，甚至有可能被降薪；另外，还要做好会被下派到地方的心理准备。

这个项目在明面上说是“支援员工第二职业的积极措施”，但总的来说，就是为了阻止员工老龄化进一步加剧，以及削减因为年功序列制而产生的庞大人力成本。这种“刽子手”目的简直昭然若揭。

---

①日本公司的一种工作调动形式。“出向”通常表示将员工从公司主要分支机构调动到同一公司或关联公司的其他分支机构。极少数情况下，它可能是针对非附属公司的。日企推崇终身雇佣制，“出向”是在支持、维护这种雇佣制度的长期成立。——译者注

我不禁想到了人事部前辈曾经的那番话。

“你放心吧。随着工龄的增长，大家都会自动升职加薪的，你没必要现在就开始担心自己的职业发展。”

他说的“放心”到底指的是什么呢？如果按目前这个情况，自动升职加薪之后，不就会被送上直奔裁员终点的过山车吗？我那个时候感觉到的不对劲，果然是对的。

我震惊了。

POPAI是大公司，所以从经营决策的角度来看，有鼓励提前退休的政策或者裁员措施并不奇怪。但是，这次裁员达到了上千人的规模，明眼人都看得出来，就是要裁掉45~59岁的大部分在职员工。

公司这几年的业绩的确不太尽如人意，但是已经差到要这么彻底地裁员的地步了吗？

“大企业让人安心”的POPAI神话，怕是已经崩塌了吧。

更令我震惊的是，听完提前退休政策的具体说明之后，大多数50来岁的员工都明确表示拒绝：“我要留在POPAI，不会报名参与这个项目的。”

这个时候，如果是有实力的优秀人才，应该会觉得“虽说是裁员，但是可以拿到额外的退休金，反倒是个好机会，可以跳去其他公司试试”。

然而，POPAI的大部分员工实际上都想拼命抓住公司不松手。“我对POPAI有感情，我一定要在这里干到退休。”“我很自豪我在这个行业做这份工作，根本不能想象去其他公司工作。”

他们的选择和提倡提前退休项目的意图完全背道而驰。

大家心里应该是根本不想离开POPAI的吧。

过了45岁还要被出向到地方上的子公司，被降薪，大家肯定是不愿意的吧。

就算大家想辞职，也没能力辞职吧。

今时今日，大家哪里都去不了，根本找不到可以跳槽的下家。

变成这个局面也不奇怪。POPAI的大部分工作都是整理文件一类的事务性工作，以及做各种内部汇报用的报告。为了向公司高层做汇报，大家的工作就是花几十个小时做几百页的PPT。

开内部会议之前一般先开预备会，讨论如何做资料；开完预备会后就开始做资料，做完还会开事前确认会；开内部会议的前一天还有点评会、最终排练会，然后才轮到正式的内部会议。内部会议结束后是部门聚餐、二次会、三次会、四次会、五次会，之后还有汇总内部会议记录的总结会、回顾会、二次报告会……时间很快就过去了。

也就是说，即便到了四五十岁，POPAI员工也只有应对内部会议和内部应酬的职场经验。

靠着年功序列制享受高收入的大叔们，身上也就那么点儿本事，他们自然不会成为“别的公司需要的人才”。

继续在这家公司待下去的话，真的要不得，绝对要不得。

但是，换工作对我来说……

就在我郁郁寡欢的时候，刚好碰上了西班牙小酒馆的那次聚餐。

一直以来，我都没能鼓起换工作的勇气，而那晚安斋和深田两位前辈的一席话把我从深渊之底拉了出来。

还好那天我临时起意去找深田前辈聊天了。

从那天起，我的人生开始慢慢发生变化。

这4年多来，我一直觉得自己没能力换工作。

即便对公司有怨言，但我一直觉得自己没什么“市场价值”，也无力改变什么。

一直这么下去的话，我也只会紧紧抓住公司不放。

虽然想过以后要换工作，但我一直觉得自己没这个能力。

不过现在看来，我觉得自己想错了。

如果自己都觉得自己不行的话，那搞不好真就没希望了。

明明自己什么都还没做。

我才27岁，也许会有公司看中我的潜能而决定录用我。

我不该自说自话，老觉得“自己没能力换工作”。

如果试过，发现真的完全不行那也没办法，但现在我还什么都没尝试。

没错，先行动起来吧。不能把自己的人生托付给公司。

在POPAI工作，我明白了一个道理。

我总是因为“对未来感到不安”而畏首畏尾，**但我真正害怕的并不是看不到未来，而是现在我已经看到了自己10年后、20年后的样子。**

如果继续待在POPAI，我只能卖力地周旋在高尔夫球局和酒局应酬上，业务上只会做一些对内的资料，最后沦落为只能死命抓住公司的凄惨大叔。

我不会再回头了，我要开始准备找新工作了。

我要像安斋和深田两位前辈一样，不受公司的风气影响，勇敢地去找下一份工作，找到属于自己的一片天地。

虽然我对自己的能力没有十足的信心，但还是决定试着找找新工作。即便没成功，也只是保持现状而已。

松村心底萌生了一股勇敢去闯的向上之心。

毕业后的第5年，松村的“初次跳槽”正式开始了。

换工作的黄金锦囊 4

纵观公司同事，想象一下“20 年后的自己”

这个故事是虚构的，POPAI 和 TKG 行业都是虚构的素材，但是本章节出现的“觉得供职于大企业很安稳，却突然遭遇裁员，被炒鱿鱼”的情况，在现实世界中不胜枚举。

我以前供职的日系大企业就有过大型裁员先例，公司以额外的退休金为诱饵，让40岁以上的员工离开。

现在这种情况更是屡见不鲜了吧。

当今社会发展迅速，“铁饭碗”怕是已经不复存在了。就连丰田汽车的丰田章男社长都在2019年表示：“如果经济形势对连续雇佣的企业没有任何刺激影响的话，那么终身雇佣制将会越来越难以维系。”（源自2019年10月13日丰田章男在日本汽车工业会会长会晤上的发言。）

如果连丰田汽车都不能保证终身雇佣的话，那今后还有哪家企业能保证呢？那些当下看似经营顺利的大品牌企业，谁又知道再过10年、20年会变成什么样子呢？

如果你想知道自己在目前的公司一直待到四五十岁能积攒到什么样的经验，会有什么样的职业发展前景，工作方式又会变成什么样的话，那么只要在这家公司待够5年，上述问题便会自然得解，因为每家公司都有各个年龄层的范本可以参考。

踏入社会后，随着工作经验的累积，大家会逐步建立“商务技能”方面的自信，这时候就要开始考虑未来的职业发展规划了，最迟到30岁，得有个大概的框架。

想一想自己的上司、公司里干得好的前辈们，如果其中有“你想成为的人”，那就以他们为榜样去努力吧。

但如果公司上下都让你有一种“我以后一定不要变成这样”的想法，这时你就要把换个环境的选项纳入考虑范围了。

第2章

第一次换工作失败

求职咨询的陷阱

接着……

我虽然已经下定决心准备换工作，但具体该从哪里入手呢？

我先找了大我5岁的哥哥商量。他在关西一家属于中坚企业[1]的家具厂做了10多年的人事工作。哥哥虽然没有换工作的经验，但我想他好歹是做人事工作的，肯定很懂中途录用和换工作的相关问题。

“哥，好久没联系了，抱歉啊，突然给你打电话！你在忙吗？”

“噢！是小辉啊，没事，我有空。不过，挺稀奇的呀，你居然给我来电话。”

“我有件事情……”

我把在POPAI工作遇到的烦恼和我在考虑换工作的事情都跟哥哥说了。

“你呀，你在说些什么蠢话？你要从POPAI离职？你脑子没毛病吧？……我跟你说啊，20来岁的时候就是会为工作而烦恼

---

①指规模中等但有自己的技术和产品，且在所属领域有一定市场占有率的企业。——译者注

啊，这很正常，大家都一样。好不容易进了POPAI这种大企业，没过几年就要辞职，你到底想干什么？”

“哥，那个，我还没想好我接下来想去什么样的公司，但我要是继续待在POPAI，面对流水线业务和内部应酬的话，一是不会有什么长进，二是工作也没什么乐趣。”

“哈？！你这是些什么‘中二病’言论？每天光搞搞流水线业务就能赚到钱的话，那不正说明你的工作很好吗？工作没乐趣，这很正常啊。就是因为你做的是自己不喜欢的工作，公司才会为你的忍耐买单啊，这就是所谓的工薪族。不要在工作里寻求什么‘价值’。你的工作也不是那种加班到把人累垮、职权骚扰严重到会得精神病的吧？”

“嗯，加班呢，每个月大概20~30个小时，不算多。不过，倒是有会被上司或者前辈教训到想哭的时候。”

“你呀，就吃这么点儿苦，还喊着要辞职？真是的！这个世界上多的是黑心企业，每个月让员工免费加班超过100个小时，还有内部霸凌和职权骚扰，弄得员工自杀。你要是从POPAI辞职去了其他公司，可不一定能找到比POPAI更好的哟！

“我干人事这么多年，看过形形色色的履历，有时候会碰到从我们公司跳出去，结果碰上黑心企业又想跳回来的人。**等你辞职了才会明白，现在所在的企业其实挺良心的。跳出去就会变好这种想法，根本不切实际。**”

“好……好的。我会再想想的。哥，谢谢啊。”

“啊！你可别把这些想法跟妈说，她会担心的。早点儿忘记这些愚蠢的念头吧。我挂了啊！”

哈……

我本来是想找哥哥商量我该怎么换工作的，结果反倒被他说教了一番。

不过，哥哥的话或许也在理。

这世上的确会有比POPAI的职场环境更恶劣的公司吧。

如果一通瞎忙结果进了黑心企业，难免会觉得“还是待在POPAI更好”。这样的话，肯定还是不换工作为妙。是的，的确如此。

“只要换份工作，一切都会变得顺利”，我不该把事情想得这么简单的。

但是，哥哥所说的“不要在工作里寻求什么‘价值’”“因为你做的是自己不喜欢的工作，公司才会为你的忍耐买单”，我不太认同。

我知道很多人有同样的想法，觉得“工作本就是无趣的”“忍耐着去做无趣的事情才能挣到钱”。

但是，如果真是这样的话，那岂不是全世界所有的公司职员都觉得“工作是无趣的”吗？

我想应该不是的吧。

毕竟我看到了安斋和深田两位前辈那么开心地谈论工作、跳槽和职业规划。

通话后的好几天，我一直很在意哥哥说的话，翻来覆去想了好几次。

有一天早上，去公司的路上，我在员工食堂旁边的咖啡店看到了正在买咖啡的深田前辈。

“前辈，早上好！前几天多谢你请我吃饭。”

“啊，早呀，松村君。”

“下周五就是你在POPAI的最后一天了？”

“对，做完下周就走了。工作也交接得差不多了，在离开之前已经是闲人一个了。哈哈！”

“深田前辈，那你现在方便吗？”

“嗯，当然方便啊。离开工还有点儿时间，要不我们去那边坐着聊？”

买好咖啡后，我们找了不太会有人来的窗户边坐下。

“感觉你愁眉苦脸的呀，松村君。该不会是之前我和安斋建议你考虑换工作的事，给你造成了压力吧？”

“没有没有，我还想谢谢两位前辈呢。我已经在考虑换工作的事情了，但我无从下手。所以上周我就找我哥聊了一下，结果他强烈反对我辞职。”

“欸？你还有哥哥啊。那你哥哥换过几回工作啊？”

“一次也没有。”

“那么，你是不是就不用在意他的看法呢？找没有换工作经验的人讨论怎么换工作，也讨论不出什么结果吧。而且，大多数没换过工作的人还会对此有一种负面看法。POPAI的大部分员工不就是这样的吗？”

“是哟，好像是这么回事。但是，我哥说不应该在工作中寻求什么价值，如果不是在太黑心的企业完全干不下去的话，那就不应该辞职。这话说得我心里挺在意的。”

“松村君，我跟你说啊，因为你对如何换工作不了解，所以你找人商量，这很合乎常理。**但是，‘该不该换工作’可不是需要问别人意见的事儿，也不能被别人的意见带跑。自己工作里的烦恼只有自己能懂，每个人有每个人的难处。**

“没有必要让别人理解你的难处，认同你的选择。能对自己的职业规划负责任的只有自己。

“如果10年、20年后你后悔了，你哥哥也没办法拯救你的职业规划。而且，大部分家人总会下意识地过度保护，给不出客观、有效的建议。我觉得不应太过于依赖周围的声音，还是自己考虑清楚比较好。”

的确如此。

我原本是想找哥哥商量如何换工作的，结果却在“该不该换工作”的问题上被哥哥的节奏带偏了。

“深田前辈，谢谢你的建议！刚刚你说‘找没有换工作经验的人讨论怎么换工作，也讨论不出什么结果’，你这次是第二次换工作了吧？那可以给我一点儿建议吗？”

“可以啊，只要是我能力范围内的，都可以，毕竟我这个POPAI的身份也就只剩一周了。”

“那真是太感谢了！这样我心里就有底了！”

换工作的黄金锦囊 5

不要被别人的意见和网络评论所左右

做出换工作这个决定，本身就很需要勇气。

很多人无法独立思考，总想着去依赖他人。但就像深田说的那样，该不该换工作这种根本性问题，原本就不该寻求别人的意见。

但凡谁说出“我在考虑换工作”，大部分情况下都会收到负面的反馈。令人遗憾的是，日本人对换工作的偏见非常严重，更有甚者觉得换工作“十恶不赦”，对其持相当极端的否定态度。

但是，实际身处工作中的是当事人自己。如果听从他人意见放弃跳槽，或是对换工作这件事犹豫不决的话，那个给你意见的人也并不会为你创造一个不错的职场环境。这些人不仅包括我们的同事、朋友、熟人，当然也包括伴侣和父母。无论如何，最后都应该自己拿主意。

还有一类意见我觉得不怎么值得参考，就是“点评网站”上的评论。

“OPENWORK”（以前叫VORKERS）这类招聘点评网现在非常流行，但是我觉得其可信度很低。

将这种网络评论当作推特上的个人投稿，或者亚马逊、大众点评上的用户评论看看就行，切勿完全采纳。

在“点评网站”上发表言论的人大多数是“正在考虑从所在公司辞职的人”，或者“已经从所在公司离职的人”。也就是说，这些投稿人只代表了社会上的一小部分群体，从评论结果来看，其大部分意见偏消极。

有些人可能会觉得“我看过有关我以前所在公司的点评，有好几条都说中了，我觉得还是有参考意义的”，但请注意，这些人也是“已经从该公司离职的人”。

当然，我并不是说招聘点评网上的信息全是假的，应该也有一部分是可以参考的。但是，如果把点评网站上的意见作为换工作的判断依据，那就很危险了。

如果以自己的亲眼所见、亲身所感为依据做最终决定的话，那么进入新公司之后“悔不当初”的情况也会相对少些。

“天生适合的职业”是个幌子

“松村君，既然你已经打算换工作了，那应该已经看过一两本相关的书了吧？还有什么不懂的地方吗？”

“嗯，我在书店买了热门的换工作指南一类的书。看倒是看了，但书上讲的都是些表面功夫，像什么‘瞄准年薪排名榜上靠前的企业’‘面试时要注意外表、仪态和表情管理’之类的。”

“这倒也在理。其实写这些书的人大部分是职业咨询师，或者人才中介的高管，也就是说，他们都是站在‘人力资源’从业者的角度写的，很少有人从求职者的角度写书。”

“是的呢。我差不多看了两本，起码知道要先在人才机构的官网上注册账号。但是相关网站很多，不知道该怎么选，也不知道该怎么着手换工作。”

“是的是的，我非常懂你，我当时也很苦恼。日本的人才市场真的很闭塞，现在还有很多人觉得‘换工作是件坏事’，对吧？不知道是不是因为这个原因，市面上都没有渠道可以让我们掌握找工作的正确信息。一旦我们准备换工作，就要各种大费周章。我真心觉得这一点还蛮奇怪的，本来应该大范围互通的重要信息，结果却完全无从获知。”

“那你觉得换工作应该从哪一步开始比较好？先分析自身情况？”

“这一点我是不赞成的。**我觉得这在换工作过程中没什么必要。**”

“啊？但是我看的书都说‘分析自身情况是最要紧的’。”

“是吧？那是因为大家都在这样说。但说真的，我觉得这个观点是错的。之前安斋也说过，换工作的时候其实应该站在用人方的角度考虑。你再怎么拼命地分析自己，看到的也只是自己，结果那些很坚持自我的人往往无法成功地换工作。”

“欸？不会吧？！难道不是相反的吗？能够明确地用语言清楚表达自己强项的人，应该很容易换工作吧？”

“错！你要是这么想的话，肯定换不了工作。**自己的强项是什么无所谓，关键是对方想要什么。**”

“是要关注对方的诉求啊？”

“是的。不要只考虑自己，反倒要先考虑对方。如果一味地剖析自己，汇总了一堆自己的强项，到头来没有一家企业需要这些强项，那就是白费工夫。换工作呢，其实不是要找一家完全契合自己的企业，而是要让自己符合企业的招聘需求。”

深田前辈的这番话，我一时半刻没能完全理解。

“我举个例子啊，比如说，你完成了自我分析，盘点清楚了自己的技能，发现自己最擅长的是‘零售渠道的销售技能’。然后呢，你又从自己的兴趣、适配度考虑，得出结论‘自己想去游戏和娱乐行业’。”

“这的确像是现实中会有的情况。”

“销售呢，的确也算一项技能，在各个行业都能通用。而且，游戏行业也是个处于上升期的朝阳行业，应该也有社招岗位的需求。但是，我估计基本没有完全匹配例子中这个人的岗位。”

“啊？真的吗？我还以为销售是不论什么行业、什么公司都有的岗位，所以有销售经验是有利于换工作的呢。”

“有销售经验当然是个有利条件。但是，每个公司都有销售岗位，而且市场上也有很多销售人才。如果你单单只有销售经验的话，企业是不会录用你的。重点是你在什么行业销售过什么产品。你想想，游戏行业会需要一个有零售渠道销售经验的人吗？”

“嗯……如果负责的是家电商场的游戏专柜、游戏专卖店这样的渠道，应该也不是完全没机会吧？”

“对，只是‘不是完全没机会’而已。现在游戏行业的销售额大部分来自智能手机游戏，而且游戏机里的软件大家也基本都是从网上下载的。很少有人会像以前一样，专门跑到门店里去买游戏。也就是说，游戏行业里招聘零售渠道销售人员的岗位已经不多了。

“相比之下，他们更需要有视频或社交网站运营经验的人来帮忙提高用户对其游戏的认识度，以及有IP版权谈判经验的人来帮忙拿到IP授权。如果你按照自我分析的结果在面试时强调自己‘有零售渠道的销售技能’，那在游戏行业的用人企业看来，你就不是他们想要的人才。”

“这么一说，我上次去店里买游戏好像已经是好几年前的事情了。”

“能力和技能这种东西，虽说积累越久越有沉淀，但如果市面上没有需求的话，那基本就是毫无意义的。所以，**不要只是一味地思考自己的强项是什么，还要关注企业方的诉求，看清楚这个逻辑还是很有必要的。**”

“所以说，就不用剖析自我了，是吗？”

“当然，多少还是得有一些自我认知的，只不过不要在这件事情上耗费太多时间。你应该经常听到人才机构喊口号‘我们会和你一起找到你真正的强项’，对吧？那才是糖衣炮弹呢。

“这些机构就是靠把人才从左手倒到右手来赚取中介费的，嘴上说着‘会和你一起找到你真正的强项’，其实只不过是想笼络你，把你推给那些快到招聘截止时间的公司罢了。实际上，基本不存在‘连自己都尚未发掘的强项’。如果一个人身上真的具备这种所谓的‘市场价值’，我觉得他自己不可能察觉不到。”

“的确有很多你说的那种广告，确实觉得有点儿不自然呢。”

“还有像是‘我们会找到完全适合你的企业’的口号，也是同理。虽然很多人说有‘天生适合的职业’，但那些在世界上大概是不存在的。退一万步讲，**就算你运气好，这世上有你‘天生适合的职业’，但想坐等人才机构将其送上门也是绝不可能的。**我觉得像是‘天生适合的职业’这种要赌上一生的工作，是在长期尝试各种工作、不断地试错中发现的，而不是你闷头拼命地剖析自我、想破脑袋能想出来的。”

“那就是说，我们没办法很轻易地找到完全适合自己的工作，是吗？如果是这样的话，又该怎么找下一份工作呢？”

“第一次换工作的话，我建议不要太聚焦在‘想做的工作’上。你可以先去有很多岗位需求的**大型人才机构的官网**注册账号，去从头到尾翻一翻市场上正在招人的岗位，其中可能就有‘你努把力就可以满足条件的岗位’。先去找这些能把自己适配进去的岗位，这才是比较实际的操作。**也就是说，咱们不是从零开

始去找完全适合自己的工作，而是把自己匹配到现有的招聘需求中去。这种操作逻辑才能让你顺利找到下一份好工作。不过话说回来，我也一直没想好自己的职业规划。这不，30岁都要第二次换工作了，也给不了你什么有建设性的意见啦（笑）！”

厉……厉害！不愧是深田前辈啊。

他人分析比自我分析更重要，这是我完全没想过的角度。

“太感谢你了！与其自顾自地剖析自我，去找一个不知道是否存在的岗位，不如认真地做下行业调研、企业分析，把自己匹配到眼前的岗位中去，对吧？！”

“对的，没错，‘如您所言’！松村君，不错啊，你领悟得很快嘛！重要的不是自己，而是对方。在换工作的时候，这是基本中的基本。”

……估计“如您所言”已经是深田前辈的口头禅了。这位前辈可真是令人不可思议啊。不过，我觉得我对如何换工作稍微有些眉目了。

趁着这股劲儿，继续加油吧！

那天聊完之后，松村君立马在大型人才机构的官网注册了账号，迈出了换工作的第一步。

换工作的黄金锦囊 6

与其分析自我，不如分析企业

在刚开始准备换工作的时候，几乎所有人都会先把自己分析一番。

思考适合自己的工作（行业、职业），以及自己的强项（技能、经验）。

没错，这是换工作过程中不可或缺的一环，但如果在这件事上花费大把时间，那就没有什么意义了。

因为“想去的企业”和“能去的企业”是两码事。

如果大家都能随心所欲地去自己想去的公司，那么换工作就会很轻松。虽然听起来挺残酷的，但现实的确没那么美好。

在考虑换工作的时候，有些人会想“我想去那家我心仪已久的知名企业”。这份憧憬的心情的确也很重要。但是，不论你在面试的时候怎样大谈特谈想进这家公司的期待和热忱，都不会得到面试官的青睐。

所以说，与其思考“适合自己的工作”“自己想做的工作”“自己的强项”，不如把有招聘需求的社招岗位搜罗一遍，看看企业都有哪些具体的用人需求。

比如，在人才机构的官网注册账号后，就可以在它不对外公开的岗位数据库里按照上班地点、年收入、假期等条件来筛选符合自己预期的岗位，挨个儿浏览一遍。

然后，从中找出那些自己稍微有点儿兴趣的，以及凭借自己过去的职场经验可能会被录取的岗位。

第一次换工作的时候，我建议尽量选用岗位多的大型人才机构。选择越多，越有利于灵活考虑换工作的方向。

“PPT制造机”的早晨开始得很早

在人才机构的官网注册账号后，我马上就接到了联络电话。

对方说希望先进行一次面谈，可以是线上的，但如果方便的话最好线下面对面沟通。

那么问题就来了，对方提供的时间是工作日的早上9点到晚上6点，这刚好和我的上班时间完全重叠。

不过，用脚指头想想也知道，人才机构的人也是公司职员，搞不好很多人也都是周末双休。

他们的工作内容就是和求职者面谈、联络，那当然就只能在工作日的工作时间进行了。

如果是这样的话，那我完全没有合适的面谈时间了。

啊！怎么办啊？！

POPAI倒是有弹性工作制度，但如果想迟到或者早退的话，必须提前一天获得上司的批准。

而且，申请书上有一项是“申请理由”，如果不是“正当理由”的话，上司是不会批准的。

你们就别吐槽“欸？这还算什么弹性工作制啊”！

我还想问呢！

在POPAI，每天早上员工们都会在8点15分之前到公司。各部门开完早会后，员工们要用丹田发声齐声唱诵社训，然后做广播体操，再之后才是9点~18点的工作时间。

而且，原则上来说，如果上司加班的话，那么“比自己的上司先下班回家”是不被允许的。

这么一来，大家都默认了弹性工作制在POPAI就是个摆设，早于18点下班几乎是不可能的。

尤其这周大家都在为社内营业会议做PPT资料，正是忙得脱不开身的时候。

早上必须比平时更早到，即便如此，也还得做好晚上加班的准备。

实际情况就是如此，别说参加面试了，我连跟人才机构面谈都完全抽不出空。

哎呀，一开头就遇上大难题了，怎么办才好啊……

隔天早上，我一边琢磨着这事，一边踏上了清早的满员电车，6点45分到了公司。

这天从早上7点开始就要开会——海外营业部全体营业报告会议的事前资料确认第4次碰头会。这是确认社内营业会议“事前准备”的第4次会议。

这两周我每晚都要加班做PPT，现在已经做了240页。

虽然我很想抽时间准备换工作的事情，但此时此刻我还是POPAI的员工，既然拿着工资就不能对工作有所懈怠。

所以我得先干活儿。

“PPT制造机”都很忙，早晨都是从很早就开始的。

“松村君！你到底在搞什么？！”

“啊！对不起！”

“你到底有没有做好PDCA①？！而且，这也没有形成MECE②，也没有运用‘apple to apple’理论③吧？！你这样完全没make sense（有意义）！”

这位像外星人一样说着一串奇妙言论的人，是非洲营业课的前辈若狭系长④。

他的自我感觉好得不得了，人称“PPT妖怪”，是海外营业部的“四大天王”之一。

所谓的“四大天王”，指四位已经成为传说的现役年轻员工——

“EXCEL贵公子”欧洲营业课深田主任⑤。

“PPT妖怪”非洲营业课若狭系长。

“加班幻想家”美国营业课神林系长。

“检讨书皇帝”中国营业课白崎主任。

---

①Plan-Do-Check-Act，意为“循环式品质管理”，指针对品质工作按规划、执行、查核与行动来进行活动，以确保可靠度目标之达成，并进而促使品质持续改善。由美国学者爱德华兹·戴明推广，因此也称作戴明环。——译者注

②Mutually Exclusive Collectively Exhaustive，简称MECE分析法，即所谓的“不重不漏”分析法。——译者注

③原本指美国酒吧的一个助兴游戏，游戏使用两副牌，红色牌上写名词，绿色牌上写形容词，每位玩家分配7张红色牌，庄家抽出1张绿色牌，然后每位玩家从自己手上的红色牌（名词）中选出最适合庄家发出的绿色牌（形容词）的搭配，最合适者胜出。在外企中，其被引申为使用相同标准来分类。——译者注

④有些日本企业如果业务单位分得很细，那最小的业务单位会被称为“系”，系长就是这个业务单位的负责人。——译者注

⑤日语里的“主任”职位不同于中文，在年功序列制公司里，只要累计工龄达5~10年，就有机会升到这个位置，其职级仅比一般职员高一点儿。——译者注

不过，虽说是“年轻”员工，但真正年轻的只有30岁的深田前辈，若狭系长已经37岁了，神林系长39岁。

至于白崎主任，年龄不详，完全是个谜。

POPAI的员工平均年龄是47.5岁，所以39岁以下的都算年轻一代，40来岁的是中坚力量，50岁往上的就是老行家了。

这意味着进公司20多年仍会被当作“年轻”员工。

自从“四大天王”之一的“EXCEL贵公子”深田要辞职的“噩耗”传遍公司上下之后，40岁左右的“年轻”员工们都在为角逐这一空缺席位而展开激烈的斗争，虽然我看不懂他们到底在争什么。

不管怎样，眼下我的确很忙。

被工作追着跑，忙到抽不开身。三四天过去了，我一直没能确定和人才机构面谈的时间。

要不我请年假吧？不过，在POPAI想请年假也必须有“正当理由”，必须跟上司解释清楚“为什么要休假”“必须休年假的理由是什么”，否则就别想了。唉，我该怎么办啊？

正好这时候，同期的金田久违地约我和他一起去喝一杯。

结束新人研修回到总部后，我们被分配到了不同的部门，隔好几个月才会约着一起喝一杯。

“我跟你说啊，松村，我呢，前段时间发现公司的经费计算方法非常低效，于是就跟我的上司提了改善方案。只需要在EXCEL表里加入宏这项指令，系统就会自动计算。现在的操作是手动计算，每到月末就得加班，但只要用了宏指令，点一下启动键就可以全部搞定。

“我跟同事们分享这个方法后，大家都夸我厉害呢！我还想着，搞不好我还能靠这个拿到今年的社长奖呢！”

“听起来不错啊！那改善方案推进得顺利吗？”

“别提了，被我的上司否决了。他说：‘你一个20来岁的小年轻就别瞎操心了。’我是为了提高整个团队的工作效率才提出改善方案的，他却劈头盖脸地骂了我一通，说什么‘那些都是管理层考虑的事情，和你们20来岁的新人没关系。别老想着在人前扮酷，过度表现’！”

“啊？是哪里行不通吗？是不是你的方案有什么漏洞啊？”

“不知道。反正他就说：‘新人就老老实实地做好上司吩咐的事情就行。’说是‘新人’，但我们都进公司5年了吧？！到底什么时候才能不被当作‘新人’‘年轻人’啊。还是说年功序列制的公司都这样？这次我真的不服气。说实话，最近我在考虑换工作的事儿了。”

“欸？！”

“你觉得意外，我可以理解，毕竟在POPAI几乎没什么人会考虑换工作。但是我真的厌倦了。总是因为年龄被否定工作能力，还不能如愿地做我想做的事情。如果我的想法是错的，那无可厚非，但我的上司并不告诉我哪里做错了。

“他总用‘因为你是个20来岁的新手’一味地否定我的工作能力，我真的忍无可忍了。好想去一家更加放权的公司，好让我试试自己的本事啊……啊！松村，你可一定要保密啊，我想换工作的事，公司里我就跟你一个人说了。因为跟你关系好，我才说的，你可千万别出去乱说啊！”

令我意外的并不是金田打算换工作，而是“与我关系这么近的人中，也有在考虑换工作的POPAI员工”。

原来我并不是一个人。
一想到这里，我不禁有些开心。

“我懂的，金田，我不会说出去的。而且……其实，我跟你一样。我们海外营业部最近有两位前辈跳槽了，我也是受他们影响，慢慢发现还有这条路可以选。我最近刚刚注册了人才机构的账号。”

“天啊！真的假的？！你小子也想换工作啊！果然，过了25岁就会重新考虑职业规划啊。我也会替你保密的！说好了啊，这是属于我们俩的秘密。今后，我们还多了层跳槽盟友的关系呢。”

“是啊，这么一想，心里更有底气了。光是想到自己不再是孤军奋战，就感觉赚到了。”

“是啊，换工作是个挺孤独的过程呢。话说回来，松村，你去哪些公司面试过？我刚刚通过一家公司的简历筛选，下下周就要进行第一轮面试了。”

“啊，我最近工作太忙了，别说面试和投简历，就连人才机构的面谈，我都还没安排上呢。”

“欸？！那你这不是完全还没开始吗？怎么回事？你其实并没有真的想换工作吧？”

“不是不是，我不是闹着玩的，只是工作太忙真的抽不开身啊。话说，你是怎么抽出时间来的？你们会计部门应该也不闲吧？”

“工作的确也忙，但我会请年假，有时也会以身体不适为由请假。方法总归是有的呀。”

“啊？但是，你这样不就给公司添麻烦了吗？”

“松村啊松村，你做人未免也太老实了吧！”

“……”

“我知道你是好心，不想给身边的同事添麻烦。**但是，因为换工作而给公司添麻烦，到底有什么不对呢？退一步说，添麻烦是绝对不可能避免的。如果因为你不在，工作就无法推进，那不正好证明你一直以来都有好好工作、为公司做贡献吗？**再说，你都已经动了要换工作的念头，为什么还要优先考虑POPAI的工作安排呢？”

“话是这样说，但是前辈会说我啊。”

“你在想什么呢？说你又能怎么样？你是要辞职的吧？既然你都做好这个准备了，随便他们说什么也无所谓吧。

“你该不会是还没做好心理准备吧？还没想好自己的人生和现在的公司孰轻孰重？你要是连这个优先顺序都没排好的话，那就别想换工作了。”

“你说得对，我的想法还是天真了点儿。我会再琢磨琢磨的。不管怎么说，我会先找个理由向上司请年假，和人才机构先谈一谈。金田，谢谢你啊，听你这么一说，我觉得我换工作的事儿又有点儿戏了。”

“松村啊，‘老实的大好人’其实是不适合换工作的。不过啊，这也是你的优点。”

换工作的黄金锦囊 7

如果动了换工作的念头，
那最好“短期内集中进行”

关于换工作，有一条金规铁律，那就是不要害怕“给同事添麻烦”。

离职是必然会给公司带来一些麻烦的。

这是个优先级的问题，必须先考虑清楚“现在的公司”和“下一家公司”哪个更重要。

偶尔会有一些人觉得“自己不在，公司就不能运转了”，心里总记挂着工作，无法开始准备换工作的事。但实际情况是，即便你不在，公司也完全可以运作下去。所以这种担忧完全是多虑。

离职半年左右，公司同事基本就会忘记你了。

虽然话有点儿难听，但实际情况就是如此。

如果真想成功换工作，那就要认清现实，“换工作”和“现在的工作”是无法同时兼顾的。

比如说，要请年假去和人才机构面谈或参加用人单位的面试，那就完成最基本的分内事准时下班，花时间去调研准备去的那家公司。要想推进换工作的事，就得一定程度上牺牲现在的工作。

如果把当前的工作排在第一顺位，没时间认真考虑就确定了应聘的目标企业，面试前也没做好充足准备的话，那面试大概率会失败，换工作的战线也会随之拉长。

又或者只是在下班时间随便弄弄，一直拿不到新工作的OFFER，那所谓的换工作就没什么意义了。

大型人才网站上有记录显示，“换工作一般需要3~6个月”，但这指的是那些拿到OFFER的人所用的时间。除此之外，其实还有无数“花了一年半载却颗粒无收，结果放弃换工作的人”。如果你觉得只要花3个月的时间就能拿到OFFER，这想法太天真了。

在整个换工作过程中，短时间内集中花费尽可能多的时间和心力去拿OFFER，其实是“最不给现有工作添麻烦的办法”。如果整个过程拖得过久，你就会一直无法集中精力处理眼前的工作。

顺便一说，因为无法同时兼顾换工作的事和当前工作，也有人干脆先辞职再找新工作，这种做法是完全不可取的。

在在职的状态下开展换工作的事，拿到新工作的OFFER后再向现在的公司递辞呈，这是避免换工作失败的最基本准备。

为公司奉献“忠诚之心”的下场

转眼就到了深田前辈的“最后一个出勤日”。

POPAI有个传统，如果员工因为人事安排被调去其他部门，那么原部门就会为调职的同事举办送别会，并送上花、寄语贺卡和礼物等表示祝福。

但如果你是因为个人原因离职的“背叛者”，这些待遇通通享受不到。

向公司宣誓“永远尽忠”的企业战士却选择了跳槽，这在POPAI是绝不会被原谅的叛徒行为，甚至可以称得上是“犯罪”。

就算和离职者关系好，也没人敢去打声招呼。

POPAI就是这样一家公司。

虽然是最后一个出勤日，但也没人来给深田送别。深田只能一个人孤零零地坐在食堂的偏僻角落里吃午饭。看到如此落寞的身影，松村不禁向他挪身过去。

“深田前辈，我可以和你一起吃午饭吗？”

“呀，是松村君啊。你也看到了，已经没人搭理现在的我了。‘EXCEL贵公子’那么浪漫的名号，现在已经毫无意义了。”

“看来你还挺喜欢这个称号啊。”

“哈哈哈，是啊，起码现在觉得也不坏。你坐吧，要是被你们部门的前辈看到你跟我这个‘叛徒’很要好，那你就完蛋了。不过这位置挺偏的，应该也看不到吧。”

“那我就坐这儿了。对了，虽然不适合拿到明面上说，但是你不觉得这家公司很奇怪吗？像你这样20来岁就被选为‘驻海外培训生’的优秀员工，为什么辞职去其他公司的时候，大家的态度都这么冷漠啊？虽说你辞职了，但是你之前对公司做的贡献并没有因此消失啊。”

“不啊，那些贡献已经消失了。对于POPAI来说，真正重要的是‘对公司的绝对忠诚’。如果你没有把自己的整个职业生涯都贡献给这里，直到退休，而是中途去了其他公司，那就是实打实的‘背叛’。”

深田的脸上闪过一丝落寞。

餐桌上放着一盘POPAI食堂特制的烧汁炒饭，还剩一半没吃，我感觉他已经完全吃不下了。

POPAI的大部分员工会干到60岁退休，除了因为婚育原因离职的女性员工，很少有人考虑换工作或者辞职。

安斋和深田都是例外中的例外。

但是，深田是通过社招进来的，也是从上一家公司离职才来到POPAI的。让社招员工一直捆绑在一家公司的想法未免太强人所难了吧，而且……

“但是，那些发誓对公司绝对忠诚的员工……”

“没错，‘如您所言’，他们正是之前公司列出的45岁以上的裁员对象。不论怎么发誓表忠心，十几二十年后，员工的归属可能都是‘裁员名单’。即便员工把公司看得很重，恨不得把自己的一生都奉献给公司，公司也不会用同样的情谊来对待员工。

“**我们不过是棋子罢了。等公司不需要了，就会随手扔掉。**有人会觉得进了POPAI这样的大公司，就可以高枕无忧了。其实，无忧的是‘公司的存续’，而不是‘员工的持续雇佣’。如果遇到危机，公司就会为了自保而裁员。**公司经营稳定，并不代表它能提供一个稳定的工作岗位。**”

“那大家到底在为什么尽忠呢……”

“松村君，我并不是在批评POPAI。为了‘公司的存续’而牺牲‘员工的稳定’，是每一家公司都存在的普遍情况。像POPAI这样的年功序列制公司，把因为个人原因选择离职的员工视为‘叛徒’并不稀奇。我毕业后去的第一家公司‘YOUNGMAN（年轻者）工业’也是一样的。

“我从来没后悔过来到POPAI。公司给了我去伦敦事务所工作的机会，那是很珍贵的经历。而且，这两年半我在POPAI也学到了不少东西。

“只是，每家公司都有与员工的性格、志向相符或不符的地方，我不想一直在POPAI这种公司文化里工作。所以，离职是我自己的选择，与POPAI是好是坏完全无关。”

“你不说POPAI的不好，也许是在为我考虑，但我还是觉得POPAI很奇怪。

“一直都在尽心尽力为公司做贡献的优秀员工，在他选择跳槽的瞬间就会被大家叫作‘叛徒’。公司一边要求员工绝对忠诚，‘直至退休’，一边因为业绩变差而推出‘提倡提前退休’‘支援第二职业’这些冠冕堂皇的政策，若无其事地把尽忠职守的员工们赶出公司。我觉得实在是太说不过去了。”

“公司就应该是这样的，日本社会其实也是这样的。如果你无论如何都无法认同公司的做法，说不定是你和公司本就合不来吧。

“我以前应该也跟你说过，如果一直因为惰性待在跟自己合不来的公司，是永远都不会幸福的。破局的办法之一就是换工作。它是获取自己想要的人生的一种手段，值得认真考虑。

“当然，换工作都会伴随着风险。但如果担心风险，强忍着不适在一家公司待到退休的话，我反正是做不到的。松村君，每个人都有自己的职场道路。换工作不一定是正确的方向，同样，在一家公司待到退休也不是。

“但是，有一点我还是要说，当你10年后回顾人生路，觉得自己的职业道路、自己的人生都没有遗憾，这才是最重要的。”

说完这席话，深田离开了公司。

他的背影看上去是那么伟岸。

没记错的话，他也就比我大3岁而已，但是他的思想远比我的成熟，我能感受到他的“精神强大”。

我也想变成像他那样精神强大的人。

深田离职的隔周，POPAI又发生了一件大事。

人事部向公司全员发出了一封标题为**“关于出售防御业务以及公司架构变更工作”**的邮件。

那封措辞严谨的长篇邮件的内容大致如下：“考虑到新中期经营计划和经营资源的投放效率，公司将于11月1日将防御业务板块卖给中国的基金企业。由此一来，防御事业部的所有员工也会被一并从POPAI集团移出去。同时，为了优化公司的人力资源配置，公司将会展开大规模的组织架构变更工作和人事制度重订工作。”

公司要卖掉防御业务板块？

那可是曾经和TKG业务比肩的公司主力业务，占据着主要营收的大头儿呢。

但是，这几年因为“年轻人逐渐不再需要防御服务”，所以相关营业额在逐年减少，现在已只剩下全盛时期的一半左右，变成了“亏本业务”。

现在要把整个防御事业部都卖给中国的基金企业，而且还要把所有员工都移出去。也就是说，他们不再是POPAI的一员了？

“我们不过是棋子罢了。等公司不需要了，就会随手扔掉。”

深田前几天说的话一语成谶，公司现在又要抛弃一大部分员工了。

继前阵子的裁员之后，又来了个业务出售，POPAI这是怎么了？

我一上班就把金田叫了出来，那家伙肯定知道些内幕。

“这很好理解啊，防御事业部已经赚不到钱了，会计部好像老早之前就觉得他们会出问题。防御时代早就过去了，现在可是智能香蕉时代[①]。”

“你说的这些我也懂。但如果要清算的话，不是应该先从武士事业部开刀吗……”

“是啊，虽说防御事业部这几年一直是赤字经营，但和长期背负巨额赤字的武士事业部比起来，防御事业部还真是小巫见大巫。大家都觉得应先砍掉武士事业部才对。”

武士业务是POPAI创建时间最早的业务板块。

大概70多年前，企业创建人法莲草珍助[②]一手承包了当时日本政府的所有武士制造工程，又碰巧赶上了昭和时代的经济高速成长期，POPAI的事业版图急剧扩张，一跃成为日系大企业之一。

武士业务可以说是POPAI品牌的灵魂所在。

但是，近年来市场上几乎不再有相关需求。不论它对公司来说有多么深远的传统意义，公司都已经承担了20多年的赤字，不知为何还保留着它。说白了，POPAI就像是现在还在继续生产磁带和传真机的老牌企业。

切割防御业务之前，应该先处理武士业务吧？！

这个道理连我都懂。

---

①本书中的业务部门名称基本都是作者杜撰的。防御事业部的业务狭义上可以理解为信息安全管理，早前大家都需要自己下载杀毒软件防御病毒，现在智能化发展迅速，信息安全管理也更为智能化。这里的智能香蕉可以理解为针对苹果（APPLE）的一种戏谑叫法。——译者注

②法莲草在日语中是“菠菜”的意思，与POPAI的同音“POPEYE”（大力水手）形成呼应。——译者注

“该不会……又是内部政治吧？”

“是啊，明智社长不就属于法莲草家族会长派吗？所以，唯独武士业务是不会被丢掉的啦。裁员或者进行业务出售，的确可以轻松扔掉员工，但是会长老爷子的脸面、会长派的政治关系是绝对丢不得的啊。

“还有，会长、明智社长他们那派执行的是恐怖统治。防御事业部的丰臣部长以前是织田前社长的人，所以才会和明智社长水火不容。咱们现在这位社长，手段可是很毒辣的，只要他不喜欢，就会格杀勿论，简直就像魔鬼一样。”

“那防御事业部的所有员工都会被移出去吧？包括跟我们同期进公司的池上和一之仓。”

“是啊，咱俩还算运气好的。要是当初被分到防御事业部，现在都轮不到我们自己想换工作。如今整个部门被卖给中国企业，怕是不想换也得换了。而且，这是亏本的业务重组。收购方估计是精英智囊团那种，到时候只会盯着数字看，那些员工的日子肯定没有在POPAI这么好过了。移出去的员工还能不能继续维持现在的工作内容和待遇都不好说，搞不好的话，没准儿连20来岁的年轻人也会被裁员。池上和一之仓他们就是随机分配下的牺牲者啊。”

“随机分配……是啊。在这家公司，命运不由自己做主啊。在哪个部门工作、在哪个据点工作、头上是哪位上司，全靠运气啊。3年前他们俩被分到防御事业部的时候，应该怎么都想不到会有今天吧。当初挤破头进入POPAI，现在才20来岁就要被公司强制清除了。”

“公司就是这样的啊，所以我们不能把自己的人生全部交给公司。唉，我还是觉得不能再这么待在POPAI了。这里又是脱离时代的年功序列制，又是体育社团一样的企业文化，根本走不长久。

“这次如果是把公司全部打包卖给外资企业的话，那说不定还是一场自救，还有可能彻头彻尾地重整业务。

“不过，可惜了啊，POPAI只会对亏空的问题业务视而不见，为了守住‘古老而美好的POPAI’的名声，先卖掉其他业务来换取短暂的现金流改善，强行让公司续命。哪怕是牺牲基层员工的职业生涯，都要死守‘今天的POPAI’。”

“真是搞不懂这样做有什么意义，我完全无法认同公司的做法。这样做到底是为了什么啊？”

“谁知道呢。我前段时间一直在想，这家公司的管理层到底在想些什么，公司的战略目标又是什么。**不过，最近我想通了，这家公司没有要为了什么，也没什么特别的目标，就只想维持现状罢了。**

“即便大家都知道这艘船会沉，但是哪怕最后会腐烂掉，它也还是POPAI，这个名号再过10年都不会消失。到那时候，现在的管理层早就退休了吧。POPAI的中高层里几乎没人考虑更以后的事，大家都把自己弄成很忙的样子，周旋在社内应酬和流于形式的内部汇报之间。”

“……不过，金田，你看啊，之前裁45岁以上的老员工，这次又变卖防御事业部，这样下去的话，公司的规模会越来越小吧。”

“重点就在这里，这两个人事安排其实是有关联的。POPAI

推出提早退休政策，是为了尽量掐掉那些人力成本逐年上涨的45岁以上员工，但肯定不是所有人都会响应那个政策。日本法律有规定，公司不能单方面解雇员工。

“所以，公司会在10月前将那些不配合的人都调去防御事业部，然后到了11月，将整个防御事业部出售给中国的基金公司。再之后的事就管不了咯，就算中国公司的管理层把那些老头子都开除掉，也没人会知道了。毕竟他们那时候已经不再是POPAI的员工了。

“而且公司下达的文件里已明确说明，如果不选择提前退休的话，就有可能被调部门或者被安排出向。大家也是知道这一点才选择留下的，所以对最后的结果也不会有什么怨言。本身他们上班就是混日子的，估计也无心跟公司扯皮。”

“这都是些什么不讲道理的事情啊！”

“是挺不讲道理的，我也觉得这太过分了。咱们公司人事部的同事还经常说‘我们公司重视每一位员工，所以会把人才写作人财’，这话亏他们说得出口。就因为员工是‘人财’，是公司的资产、资源，所以就可以任凭公司变卖和抛弃吗？而且……松村，这事儿还没完呢。”

金田的瞳孔深处泛着一丝冷峻。

甚至可以说是惊悚。

我不禁背脊发凉。

“怎……怎……怎么了？你可别吓唬我啊！”

“今天的邮件里不是写着‘组织架构变更’吗？这就不光是45岁以上员工裁员和防御事业部出售的事情了。经营企划部是想趁此机会彻底整顿公司上下的组织架构。

“总的来说，公司内将会有多个部门开展调任地方和变更配置的工作，如果有人反抗，就会被扔到防御事业部，被POPAI赶出去。或是变更组织架构里的职称，看上去像是增加了管理职位，但其实薪资会一律下调，从而实现减少人力成本的目的。”

“只变更职称？那就是说，即便升职做了管理层，工资也不会比现在多？”

“我说过的吧，明智社长就是个魔鬼，明面上打着‘组织架构变更’的名号，暗地里他什么都干得出来。现在管理层都在拼命地巴结社长，因为大家都不想被一脚踢开。我刚才稍微瞄了一眼会计部的台账，这个月的社内应酬交际费已经是上个月的5倍了！这公司离完蛋越来越近了。说不好听的，搞这么一出‘组织架构变更’，说不定就连咱俩都有可能被派到其他地方上班。”

“你说这话，是已经听到什么风声了吗？”

“具体情况我也不清楚。会计部虽然能看到人力成本的动向，但是具体到哪个部门的哪个人要变动，那就只有人事部知道了。只不过，因为组织架构变更的范围涉及全公司，所以我只能说，我跟你被派到地方上的可能性也不是完全为零。”

“不会吧……我们好不容易才结束研修，从群马、青森回到东京，这又得调动啊……”

“我也是同感啊。但是，咱们这个‘综合职’就是可能会全国调动职位啊。公司叫你去哪儿你就得去哪儿，叫你住哪儿你就得住哪儿。但是，也正是因为这个，咱们才能拿到‘综合职位’的薪资和‘住房补贴’吧。”

当初找工作的时候，选择作为“综合职”进入POPAI，我可真没想那么多。

当时最多也就想想：“有住房补贴，还是进大企业，好呀！”

但是，当经历了群马县高崎市的产线实习、青森县八户市的营业见习后，我才意识到，所谓的全国调动岗位就是“连自己住在哪里都无权自主决定”。

虽然大家都觉得这是理所当然的，并自然而然地接受了现实，但我总觉得公司擅自决定员工的住所是件很奇怪的事情。

即便员工为了配合工作安排而牺牲自己的人生选择，十几二十年后，却仍要面临美其名曰“提前退休”的公司裁员和业务出售导致的“转岗”，被公司驱逐出去。

“好烦啊，又要被派到无亲无故的地方去。而且，这次被派出去还是为了配合公司想借助组织架构变更的名义把老头子们都裁掉的目的，这完全说不过去啊。”

“我听到这消息的时候，换工作的心意越来越坚定了。这公司果然不宜久留啊。**要是对公司有很强烈的‘不认同’和‘危机感’的话，的确没法儿长期干下去。我希望在一家我能认同其发展方针，且有舒适的工作环境的公司里工作**。

“组织架构变更和裁员的事情也说明公司今后的发展不会理想。而且，从私人角度来说，我今后一点儿也不想再轮岗了……因为再也不能和小春香分开了。”

“嗯？春香？金田，你有女朋友了吗？”

“没啊，小春香是三花猫啦，是我爸妈在老家养的猫。我从青森回来之后，终于又和小春香团聚了。女朋友？恋人？那些都是浮云。在我眼里，比工作乃至所有一切都更重要的是小春香。它的笑脸超可爱，软乎乎的！”

“……”

和金田认识5年以来，我第一次知道他还有如此令人意外的一面。没想到他这么喜欢猫。不过话说回来，在青森的时候，他的员工宿舍里一直摆着一张猫的照片。

每个人都有自己换工作的理由和人生顺位。

金田如果是出于“不想再和老家的猫分开”而产生了换工作的强烈愿望，那换工作的理由是什么也不重要了吧。

那我呢？

我换工作的动机到底是什么呢？

现在的我还无法用语言表述。

脑子里倒是有“再这样待在POPAI就完蛋了”“想成为和深田前辈一样有自信、有能力的人才”的想法，但是我想通过换工作来实现什么目的、想从事什么样的工作，这些都还不明确。

换工作的黄金锦囊 8

自己把控自己的职业道路

除了数十人规模的小企业和创投公司，几乎所有的公司都会有“人事调动”和“转岗”。公司认为这些制度可以丰富员工的工作经历，从而为经营层培养全方位人才。

但是，转岗实际上只不过是内部补缺的一种手段罢了。还有，所谓的全方位人才，说得更清楚一点儿，几乎可以和“没什么特长”画上等号。

大部分公司的主流操作是招聘应届生并终身雇佣。与其通过社招从外部引入人才，他们更倾向于用“公司内部的人才池”来填补空缺。这样一来，公司就会无视员工个人的职业发展，随随便便地给他们换工种，或者隔几年就让他们转岗。

还有，像这一章节的故事里那样，推出表面上看似“组织架构变更”的政策，实际是为了达成削减人力费用的“黑幕目的”的公司也肯定不在少数。

更令人发指的是，现实中也有很多公司把人事变动和组织架构变更作为“辞退员工”和“让犯错员工反省”的手段。

在著名电视剧《半泽直树》中，这种场面屡见不鲜。在老字号企业里，如果员工犯了错，不会被开除，而是被“出向”到子公司。或者是把“想开除的员工”调任到与本人意愿完全相悖的岗位上，将其逼到不得不辞职的境地。

正所谓“现实往往比小说更离奇”，我身边也有好几位同事经历过令人诧异万分的不公平遭遇，觉得“还有这种不讲理的人事调动？这和叫人滚有什么区别啊……”。

如果你是秉承着“爱社精神”向公司宣誓“忠诚”，任由公司安排自己的人生，或者是“对公司有强烈信赖感”的话，也可以继续保持现状。

但如果并非如此，那一定要对自己无法认同的事情明确地SAY NO（拒绝）。

即便你向公司表了忠心，将自己的人生交付出去，公司也有可能在未来某一天若无其事地将你抛弃。如果默默地认可公司安排的轮岗，那么5年后、10年后，你便有可能成为毫无竞争力的“废柴”。

自己的职业发展方向，一定要牢牢地抓在自己手里！

如果公司安排的人事调动不合你的心意，而且你无论如何无法推脱的话，请记住，你还有换工作这个选项，它可以让你重新掌握职业发展的方向。

职业规划顾问的诱惑

不管怎么说，我决定和人才机构的人面谈了。

上次和深田前辈聊过之后，我抱着试水的心态在大型人才机构的官网完成了注册。但是，利用周末时间写完“工作履历”提交后，都过去两周多了，我还没采取下一步行动。

和职业规划顾问的面谈一拖再拖，无端浪费了不少时间。

不能再这样拖下去了。

不行动就等同于停滞不前。

有时间烦恼还不如抓紧时间行动。

于是，我谎称“要陪护突然住院的爷爷”，向上司还有同组的前辈植野系长请了假。

抱歉啦，爷爷！

我的爷爷松村正雄（79岁）每天很早就会出门遛狗，而且每年夏天都不会缺席铁人三项大赛。这样身强体壮的超人爷爷，却在我换工作的过程中背上了“身患重病”的设定。

撒这种谎多少会有些过意不去，但就像之前金田说的那样，这是优先级的问题。

肯定不可能老老实实地说自己要去面试，所以才请假的。而且，在像POPAI这种充满昭和时代体育社团气息的公司里，以“有私事”“要去旅行”“家里有事”这些理由是断然请不到假的。

请假本来应是不需要什么特别理由的，但在这家公司完全不是这样。当你提出请假申请时，会被上司严厉地逼问：“嗯？为什么？有什么事一定要请假？你还有没有工作干劲儿？”

所以，我才选择了不太会引起怀疑的“家人生病”这个理由。

当然，这理由也不能反复使用。

“您好，初次见面！我是‘劳动力’机构[①]的佐佐木，负责担任您的职业规划顾问，还请多多关照。”

“劳动力”机构是一家大型人才机构。和我面谈的顾问佐佐木先生看上去比我年长一些，身穿剪裁合适的藏蓝色西装，给人一种很有工作能力的感觉。

“啊，那个，我叫松村。那个，我……我是第一次换工作，什么都不懂，还请您多多关照啊！”

“好的，一定！必须的！松村先生，其实您不用这么紧张的！”

“啊，好的。嗯，谢谢您！”

“那咱们赶紧进入正题吧。关于您这次想换工作的背景、最主要的理由，能先说一下吗？”

我没有直接提及POPAI的裁员和组织架构变更这些内部信息，只简单地向佐佐木说明了一下当前工作的局限性，以及因为

①原文为“VAMPIRE AGENT”，直译为“吸血鬼/剥削者机构”，此处将其译为“吸血鬼/剥削者”的反义词“劳动力”，取反讽之意。——译者注

总在做一些打杂事务，所以想知道自己离开这家公司之后还能有多大的发展空间。

“原来如此，我明白了……总的来说，主要是为了追求‘工作价值’和‘成长环境’而想换工作，对吧？”

“嗯……我还没办法描述得那么具体……”

“没事的，没事的！松村先生，您完全没问题的，因为我们这里有完全适合您的工作！！”

“完全适合我？？”

那一刻，我脑子里突然闪过深田前辈的一番话：**“就算你运气好，这世上有你‘天生适合的职业’，但想坐等人才机构将其送上门也是绝不可能的。”**

完全适合我的工作？

真的存在吗？

佐佐木这是第一次见我，我们聊了还不到10分钟，他能充分了解我的资质和能力吗？

“没事的，没事的！！松村先生，您怎么说也是从POPAI这种大企业出来的呀，而且没有跳过槽，这种履历可是很干净的！而且啊，您还是高学历，以我的判断，要您的公司可有一大把呢！”

欸？履历很干净是什么意思？履历还有干不干净一说？而且，我也就是茅崎市学院大学的本科生，谈不上高学历吧……

虽然觉得有很多地方不对劲儿，但那时候我已经被眼前的佐佐木的气场给压制住了。

“没事的！松村先生，您绝对没问题的！！我整理几个跟您匹配的职位再和您联系。”

“好……好的。谢谢您了……”

那个时候，我对人才机构完全不了解。

那晚我在家里正放空的时候，手机响了。

“松村先生，您好，我是‘劳动力’机构的佐佐木！我把您的情况跟几家企业介绍之后，马上就有一家表示想见您！！请问下周二或者下周四的下午，您方便吗？”

“啊？下周？那是第一轮面试吗？”

“不不，只是个**非正式面谈**，毕竟互相都还不了解。咱们用这种轻松自然、当下流行的方式见面，就是碰一下彼此的整体感觉和大致方向。所以您不必太担心，轻松上阵就好。”

“方向上的碰撞？”

“是的，没错！尽情地碰撞吧！”

我完全不懂他在说什么。

这一切都太突然了。

换工作的过程是这样的吗?

“那个，但是，我到现在都还不知道对方公司的名字，就这样去和别人面谈，是不是有点儿太……”

“没事的！松村先生，您绝对没问题的！！这家说下周一定要跟您见面的公司，其实就是‘SUTTOKODOKKOI株式会社’[1]哟！”

①SUTTOKODOKKOI为骂人用语，意同“马鹿野郎”，就是“白痴”“浑蛋”的意思。——译者注

“……”

什么鬼？这是什么公司啊？

“啊，您该不会不知道这家公司吧？哎呀，那您这世面见得不够多呀。这家公司可是‘超厉害创投公司TOP100’（20××年版）榜单上备受关注的公司哟！！”

“创投公司啊？不好意思，是我孤陋寡闻了。不过，这么突然地安排面试，未免也太赶了吧。”

“没问题的，松村先生！这个您真的不用担心！我都说了，这不是面试，就是个非正式面谈！”

在佐佐木先生的怂恿下，我最后屈服了。隔周周四下午，我又请了半天假，去参加了SUTTOKODOKKOI株式会社的“非正式面谈”。

那个时候，我已经完全陷入混沌的旋涡，找不到换工作的方向。

面谈当天。

创投企业SUTTOKODOKKOI株式会社的办公室在涩谷站附近的大楼里。办公室的设计是新未来风格，相当时尚，但我注意到过道里那些看似员工的人一个个都面无表情，而且都耷拉着脸。

“您好，初次见面，**我是SUTTOKODOKKOI株式会社的董事长兼CEO，须藤。**”

欸？CEO？

也就是社长？！不是吧？社长亲自与我面谈？

这真的是“非正式面谈”吗？

“啊，您好，初次见面，我叫松村辉。请多多关照。”

“好的，松村先生。你能先讲一下选择我们公司的理由吗？”

……

“志……志愿理由吗？但人才机构的佐佐木先生跟我说，今天不是面试，是‘非正式面谈’来着。”

“……非正式面谈？”

欸？什么情况？

今天该不会就是第一轮面试吧？

我完全没为今天的面试做任何准备，就连“非正式面谈”是什么，我都还没弄清楚。实话实说，我今天之所以来这里，完全是被佐佐木推着做的决定。

“嗯……也行吧。松村先生，如您所知，我们SUTTOKODO-KKOI株式会社是研发类的创投公司，已经在日本IT行业开创了好几个数一数二的业务板块。目前的主力业务是数字营销和水牛城辣鸡翅（BUFFALO CHICKEN WING）[①]。松村先生，您在POPAI这几年，已经有了日本传统行业TKG相关的工作经验，我们有好几个大客户都是TKG行业的，所以想请您来做法人营业部的内勤营业。您看大概什么时候可以来上班呢？”

“……欸？！不是……那个……”

“松村先生，我们SUTTOKODOKKOI株式会社有POPAI这种大企业绝对没有的巨大魅力。虽然我们给的年薪可能会比POPAI少至少100万日元，但是能让您感受到满满的‘工作价值’。”

①这个风马牛不相及的业务表示该公司非常不靠谱。——译者注

“工作价值？”

“是的，如假包换，包您满意。”

我已经慌得不行了。

这也太过诡异了吧。

这个公司的各种操作真的是闻所未闻。我只想立刻离开。

之后，须藤CEO花了大概一个小时的时间不断重复“工作价值”和“成长”，我听都听累了。

面谈结束后，我刚离开办公室，就接到了人才机构佐佐木的电话。

“您好，我是佐佐木！松村先生，您今天的面试怎么样呀？”

这个人说的是“面试”！

不是“非正式面谈”！

“那……那个，我觉得这家公司跟我不太合适……”

“不会不会不会，没有的事啦，松村先生！您把心放到肚子里去！”

“佐佐木先生，您到底在说什么呢？完全不是没问题！不好意思，我要退出这家公司的面试筛选了。还有，今后若再有企业的正式面试，请给我一些考虑时间。”

“哎呀，松村先生呀，没事的！我都跟您说了，真的没问题的！你要是有时间考虑，还不如多多参加面试！面试次数不够多的话，您是碰不到好公司的！咱们先面试20家吧，埋头苦干，冲啊！”

“嗯，你说得也许在理。但是，我自己还没有完全理清关于换工作的想法，我想仔细考虑清楚之后再选择应聘的企业。还有，SUTTOKODOKKOI株式会社的须藤先生说年薪会降很多，我也挺介意的。”

“我说啊，松村先生，你要是挑三拣四的话，是换不了工作的。”

“嗯？”

“虽说你是从POPAI出来的，但你也就20来岁，没什么特别拿得出手的‘武器’。能看得上你这种‘市场价值’的公司其实屈指可数，所以降薪也是没办法的。你要真想换工作的话，多少得做点儿妥协吧。”

这家伙突然甩出了一串恐怖言论。

不管怎么说，在“非正式面谈”这件事情上，佐佐木已经不值得信任了。再去他介绍的公司面试估计也不会有好的结果。

“嗯，好的，谢谢了，您稍微给我点儿时间考虑一下吧，我先挂了。”

“……喊。”

挂电话之前，我好像听到佐佐木不屑地咂了一下嘴。

面试不是以数量取胜的

我之前说过，第一次换工作时不要一开始只从自己的角度出发去选择企业，要大量浏览招聘信息。

但是，有一点儿我希望大家不要误会，即换工作的面试不是“以量取胜”的。在没有深度思考的前提下，不要一味地追求面试次数。

从众多招聘信息中筛选出自己有可能聘得上的工作，这个思考过程很重要，而不是看到什么就去应聘什么。

招聘信息里一般会明确注明“聘用条件”和“必要经验”。如果看要求发现自己明显没戏，即便去应聘十次百次，也不会拿到OFFER。

另外，如果随便准备一下就去面试，结果很轻易就拿到了OFFER的话，那么那家公司很有可能是“员工接连离职，岗位不挑人”的黑心企业。

有些人才机构会说：“先去面试个20家吧！”“简历筛选通过率是20%~30%，所以要靠多投简历取胜！”（我自己就遇到过这种情况。）

但是，就算靠数量取胜，碰巧拿到了OFFER，那会是你真心想要的吗?

如果换工作的意愿并不强烈，觉得“就算没拿到OFFER也没关系，先面试着吧”，抱着这种试试看的心态也未尝不可。

但是，如果真心想尽早换工作的话，那最好一开始就只把简历投递给那些“如果收到OFFER，并且情况符合自身预期，就一定会去”的公司。

社招和校招不一样，社招的时候同时去好几家公司面试并不是个好办法。抱着试试看的心态去面试，就会容易落选；而中途退出面试筛选，则会给人才机构一种“这个候选人没戏”的印象，那么他们就不会再介绍好的职位给你了。

为了不浪费时间和精力，我还是建议大家谨慎选择应聘企业。

第3章

换工作的过程
就像那天的恋爱

如何找到“换工作的轴心”

那周的周六，我和金田一起去了上野的“SANADA咖啡”。

店里飘着咖啡豆的深烘香气，让人心绪安宁。环顾四周，店里坐满了谈笑私语的情侣和来自习的大学生。

“应该马上就来了……”

“啊，金田君！抱歉抱歉，我迟到了！”

我一抬眼，只见眼前站着一位身形修长、面容精致的美女，就像是艺人或者模特的那种美女。我惊呆了，忍不住在金田耳边悄悄说：“喂，金田！我都没听你说过，居然是这么个美女啊！”

“……欸？啊？美吗？”

金田这家伙真的是只对猫感兴趣啊。

“那个，你是松村君？初次见面，我是椎名步美，请多关照！”

“好……好呀！我叫松村辉，请……请请……请多多关照！！”

“哎，你是不是怕生呀？”

“喂，松村！你这家伙怎么回事，也太紧张了吧？！椎名学姐，好久不见！抱歉让你周六还专门跑一趟！”

“真的是好久没见了呢，金田君！上次见面都不记得是什么时候的大学同学会了。别见外啦，今天有一半也算是为了我的工作嘛。”

椎名是金田的大学学姐。

听说她现在在人资行业一家人才机构工作。今天金田叫我来，是想着“既然认识对换工作比较懂行的人，不如一起来讨教讨教”。

椎名学姐在公司也兼任跳槽支援服务的宣传工作，所以就来帮学弟金田（顺带也帮我）出出主意，指导我们一下怎么换工作。

但是，我完全没想到金田口中的学姐居然是这么个大美女。

如果由她来做顾问的话，感觉换工作就有戏了。

“那么，你们俩换工作进展得怎么样了？”

我把前两周的遭遇，包括被迫接受SUTTOKODOKKOI株式会社面试的事情，都一五一十地告诉了他们俩。

“欸？真的假的？！那也太过分了吧。‘降薪但是有工作价值’，这不是典型的价值榨取吗？！创投公司果然不靠谱啊！”

“金田君，那不是重点啦。选创投企业还是大型企业，每个人都有自己的想法。如果松村君想去创投企业，那么就算是接受降薪也不关其他人的事。刚才松村君说的整件事里，重点是那个‘劳动力’机构的顾问佐佐木，他完全无视松村君的个人意愿，还撒谎说是‘非正式面谈’，硬安排了一场面试。”

“是……是哟！哎，对了，松村，原来你想去创投企业啊？”

“没有啊，完全没那回事。说实话，说出来不怕你们笑话，我连自己想做什么都还不知道呢。我只知道我想换工作，想从POPAI辞职，至于下一份工作做什么，我还没有什么特别的想法。所以，我就被佐佐木那句‘管他三七二十一，先面试再说’

给忽悠着赶鸭子上架了。”

“也有一部分原因，是你碰上了一个不负责的顾问。不过，你们知道吗？**人才机构都是靠‘结果’赚钱的**。大部分情况下，把候选人送去参加面试，顾问只是确定了自己有拿到提成的机会；只有企业发了OFFER，候选人顺利入职，这时候顾问才能拿到提成。也就是说，出结果之前，顾问所做的一切都是不赚钱的。

“所以，有些不负责的顾问为了能早点儿拿到提成，就会不顾候选人的意愿，随便安排几个面试机会，或者引导候选人去能轻易拿到OFFER的黑心企业应聘。这是我们这行一个不好的惯例。SUTTOKODOKKOI株式会社的确是备受瞩目的创投公司，但最近他家的业绩一路下滑，离职率也相当高，所以他们招营业岗位的人招得很凶。说句实在话，我没听过什么关于他家的正面消息。”

“我自己很敬重的一位职场前辈给我的建议是，第一次换工作的话可以借助大型人才机构，所以我才注册了‘劳动力’机构的账户。听椎名学姐的意思是，大型机构都靠不住吗？”

“这是个好问题呢，但这个问题的答案既不是YES也不是NO。”

我从椎名学姐那清澈透亮的眼睛里看到了一股坚毅，那一瞬间我的心弦被拨动了。

“人才机构呢，基本上都是‘独立负责’的。即便是同一家人才机构，负责你的顾问不同，可能你得到的待遇就会天差地别。即便是‘劳动力’机构，内部也有很多能真正提供帮助的优秀顾问。

“不过，大机构毕竟人多，顾问水平参差不齐，受到的待遇有好有坏也是没办法的事情。”

“这么说的话，找人才机构就跟拆‘扭蛋盲盒’一样要碰运气喽？那么，有没有什么方法可以找到好的人才机构呢？”

金田突然插嘴问道。

“办法呢，也不是完全没有。比如说，有些特定企业的面试方法只有部分机构知道，看他们能不能给出合适的建议；又或者，面试后看他们能不能给出详细的反馈。**但是，我觉得分辨机构好坏没什么特别大的意义。**”

“欸？为什么这么说啊？？？”

“哎呀，金田君，你稍微动脑子想想呀！比方说，你自己和一家人才机构打过一阵子交道，也参加了面试，但得出的结论是‘这家机构不靠谱’。然后呢，你打算怎么办？”

“那……那就换一家人才机构，或者在那家人才机构里换一个顾问吧。”

“当然，你说的这些方案也不是不可行。**但是，你已经投递过简历的公司只能继续通过那家机构去操作，就算你中途提出要换顾问，也不是每家机构都会满足你的要求哟！**我刚才说了吧，人才机构基本都是‘独立负责’的。最坏的结果可能是，你跟一家人才机构断绝来往，便再也不能应聘他们家操作的岗位资源了。而且，就算你成功地换了顾问，对方估计对你也不会有什么好印象。还有，这个替补顾问也未必一定比前一个强，搞不好还有可能跟你更合不来。”

“那照你这样说的话，该怎么办啊……”

“就像金田君刚刚说的那样，碰不碰得上合得来的顾问就像是拆‘扭蛋盲盒’，要看当下的运气和机缘。如果‘抽到了很弱的牌'，拼命去纠结弱到什么程度也没什么意义吧。就算再扭一次，也未必会抽到很强的牌。

“所以呢，不论抽到什么样的牌，只要尽量和顾问沟通，保持良好的关系就行了。尤其是像你们俩这样20来岁第一次换工作的，估计在大型人才机构里很难碰上资深顾问。

“因为优秀的顾问本身薪资就高，会被机构安排去负责一些重要的案子。不是年轻的你们能轻易碰得上的啦。”

“这么说来，和人才机构打交道也挺难的呢。那么，打个比方啊，椎名学姐会不会推荐你自己所在的那种规模相对小一些的机构呢？毕竟碰上不负责的顾问的概率会小一些。”

“是的呢，这正是我想说的（笑）。我当然不会欺骗我的学弟和他的朋友，所以我都会如实相告的。松村君的前辈给出的第一次换工作最好找大型人才机构的建议，也断然是没错的。

“简单来说，**大型人才机构拿到的职位资源会比我们的多好几倍**。他们一般会在宣传广告里登上‘非公开招聘岗位×万个！’之类的信息。光凭那些资源，就能让候选人在各种各样的岗位中发掘出更多的可能性。

“如果说你的目标是必须在3个月之内成功换工作的话，那可能还是大型机构更合适，毕竟他们那里的选择更多。”

“学姐，但是……其实我的情况和松村的基本一样，也通过大型机构参加了好几家公司的面试，但都不怎么来电。

“而且，我在面试准备上也没投入太多热情，结果基本上都垮在了第一轮面试。我觉得也不是选择越多越好，选择多了反倒更容易迷茫。”

“你们俩啊，最好都先找到‘**换工作的轴心**’。”

“‘**换工作的轴心**’？”

我们俩几乎异口同声地问道。

“没错，如果觉得选择太多反而迷茫，就是因为没有轴心。还有，被顾问游说两句就想着‘先面试再说’，也是因为没有轴心。如果你们能想明白这次换工作是为了什么、想要什么，并把这些原因总结出来的话，那接下来只需要找出尽量符合条件的公司就可以了。这样，换工作就会顺畅地一气呵成了。

“重点是先做优先级排序。换句话说，首先要明确‘自己决不让步的条件’‘想得到的东西’‘可以舍弃的东西’分别是什么。”

“原来是这么回事啊……长见识了。但是，我现在还是不知道自己想做什么样的工作。”

“我也是一样的情况啊，学姐。”

“没关系的。**大部分人一开始都不是很明确自己想做什么样的工作，哪怕是想破脑袋也不会突然得出答案的**。

“但是，你们应该有大概的想法吧？知道自己不想再做什么样的工作，或者说憧憬什么样的工作环境之类的。再比如说，想在市中心‘高大上’的写字楼里上班，或者想提高收入，诸如此类的想法都可以。”

“我的话……如果可以，我不想再做轮岗的工作了。还有，公司的政策方针不要一天一个样，我能认同公司的经营理念是最好的。工资嘛，当然是多一些更好。”

“没错，就是这样！要是想去不用轮岗的公司，就可以找找外企，或者办公地点只在关东附近的公司；公司方针可以在企业主页或企业披露的投资关系文件里查到。如果去外企的话，不用转岗还能涨薪，只不过金田君不会英语呀。”

“欸？！要会英语啊？哎哟！！我要是像松村一样会英语就好了！英语真是我这辈子的大败笔啊，我该早努把力的！”

“哈哈哈，没事啦。看吧，就像这样，只要有了换工作的轴心，就可以具体地筛选企业了。**虽然大家嘴上都说‘不知道自己想做什么工作’，但真的没人会觉得‘去哪里上班都无所谓的’。每个人都有自己的轴心，只需要把自己内心的想法总结出来就会知道了**……松村君，你会英语呀？”

“啊，不是，说不上会啦。只是我在海外营业部干了3年，可以用翻译软件跟海外据点的同事用英语沟通，还有用英语做会议记录。不过，我的听力不太行，时间要花得久一点儿。这样的水平，不算真的会英语啦。”

“松村君，这不就是你的‘市场价值’吗？你要更自信点儿。如果让新手来写英文邮件，根本写不好。即便你用了翻译软件，但要用英文把自己真正想表达的意思传达出去，也是需要练习的。

“这份经验，没有和有一点儿，它们之间的区别是相当大的。还有啊，花上好几个小时写一份英语会议记录，纵观全日本估计也没多少人可以做得到。

“一提‘市场价值’，很多人只会联想到出类拔萃的技能。实际上，有些技能乍一看很普通，却有相当分量的‘市场价值’。不是只有能去海外出差，能用一口漂亮的英文做演讲，或是参加大规模的国际会议，才算是会用英语哟。

“你的经验肯定会成为卖点。如果能找到愿意高价购买你的

经验的企业，你再把自己完美地销售出去就可以了。不过，首先你自己得有'要尽量把自己高价卖出'的意识。"

这番话让我打心底开心极了。

之前，"劳动力"机构的佐佐木在电话里说我没什么特别拿得出手的"武器"，能看得上我这种'市场价值'的公司其实很少，那时我又惊讶又羞愧。

但是，椎名学姐说我有"市场价值"，我的经验会成为卖点。

我自己觉得没什么大不了的海外营业部的工作经验，说不定也有公司愿意高价买单。

"松村君，那个，我现在工作的人才机构主要负责外企和全球企业的职位招聘。虽然没有'劳动力'机构的规模那么大，职位也没他们的那么多，但在海外营业和外企招聘这一块，我们有其他机构没有的'垄断职位'。而且，我们和企业方的关系很牢靠。

"我接着刚刚人才机构规模大小的话题继续说啊。大机构可提供的职位多，可以精挑细选；而小机构一般会专注做垂直领域，职位没那么多，但是在自己擅长的领域也可以给候选人提供帮助。总之，大小机构都有自己的优势。呀，我这算是把你们当作我的客户了吧？（笑）"

"厉害啊，学姐！你这润物细无声的销售技巧可真是太厉害了！"

"好……好的，谢谢建议。学姐是建议我看看外企的职位，是吧？"

我被初次见面的美女当作了目标客户。面对她的循循善诱，看着她认真、坚定的眼神，我扑通扑通狂跳的小心脏都快要炸了。她实在是太美了……

“不用现在马上做决定啦。就像刚刚金田君那样，松村君可以先想想自己换工作的轴心。当看清自己的轴心之后，觉得外企和全球企业也在你的考虑范围之内的话，可以来找我。这是我的名片。在POPAI海外营业部供职是很好的职业经历，我想你会有需要的。”

只见名片上写着“飓风生涯（TORNADO CAREER）株式会社 资深顾问椎名步美”。

今天金田喊我来，真是太好了。

椎名学姐的建议让我大开眼界，而且我还找到了一个新的人才机构。

我又看到了一丝换工作的希望。

还有一点，我……喜欢椎名学姐。

一见钟情的那种喜欢。我又一次坠入了爱河。

没有“想做的事情”也没关系

有时候，有些人虽然在考虑换工作，但又没什么特别想做的工作。

没什么特别想做的工作，是不是就换不成工作了呢？

我不这么认为。考虑换工作的理由可以是“想逃离现在所处的令人厌恶的环境”，也可以是“想提高收入水平”。

我觉得对大部分人来说，想换工作的真实原因无外乎这些。

刚开始想换工作的时候，其实很少有人非常明确地知道自己想做什么。

即便没有具体想做的工作，但肯定会有“想要的工作环境”“想成为的样子”（如果连这些都没有的话，那很可能当下所处的环境还蛮不错的，也就没必要换工作了）。

还有“想去加班少的公司”“想要人际关系简单、上司不会在办公室大声训话的工作环境”“想要超过1000万日元的年收入”，诸如此类的理由都可以。某种意义上来说，这就是“你想做的事情”。

想好了这些，估计大家又会有新的问题：不知道该怎么选择职位和行业。

如果你对行业和职位没什么特别的执念，从可以满足自己要求的职位里找那些运用你过去的工作经验和技能可以争取到的职位就好。

还有一点，不要过于烦恼“自己是个没什么特别技能的人”。

大部分人都没什么超能力。

但是，过去三五年你在工作中累积的经验一定有可以成为卖点的地方。只要你努力、认真地对待过工作，那么职场中就一定有赏识你的人。

在找到自己的亮点之前，一味消极地否定自己，觉得自己一无所长，并不会有好事发生。

就算你当下没信心“能成功换工作”，但同时也没有任何依据可以证明你无能，那就不要过度在意了。

是否能够成功换工作，不试试怎么知道呢?

至于如何运用自己过去的经验和技能找工作等具体的求职方法，我们会在后续的故事里继续展开介绍。

“酒文化”的噩梦

我一边想着换工作的事情，一边因为社内营业会议忙得不可开交。

隔周，APAC营业课全员都收到了一封来自滨冈课长的邮件。

前原部长、高桥次长[①]、APAC营业课全员，

各位好，我是APAC营业课的滨冈。

为庆祝我们顺利完成月度预算，在即将到来的7月18日，我们将会照常举行营业课“夜会”。详情如下，还请确认。

[时间]

7月18日（周二）	19点~22点	一次会
	22点~24点	二次会
	24点到尽兴	三次会

[会费]（※以下仅为一次会的费用，二次会及之后的费用均当场收取）

①“次长”是一个部门的副职管理者，一般辅佐或代理“部长”的工作。有些企业由于职位不足而设，不少新兴企业中已经不再设这一职位。——译者注

高级管理职　　　10000日元
管理职　　　　　8000日元
系长级别　　　　6000日元
主任级别　　　　5000日元
一般职员　　　　4000日元
[地点]
品川站附近，具体位置尚未选定，确认后会再联络各位。
[7月份　干事团队]
干事：冈田系长
协助成员：吉田主任、山下、松村
※男性员工必须全员参加。
以上，拜托各位了。
****
POPAI电工株式会社　TKG事业部
海外事业统括部　海外营业部
APAC营业课　课长
滨冈正

东京都品川区暗黑法莲草[①]44-5-55
POPAI塔 21楼 南区
电话：03-××××-××××
传真：03-××××-××××
****

①“暗黑法莲草”是作者杜撰的地址，前文曾提到POPAI的创建人是法莲草珍助，这里可以理解为POPAI前途黑暗、内部斗争黑暗。——译者注

又来啊……

这个月又要全部门聚餐了。

APAC营业课一般都在每月的第3个工作日确定当月的销售业绩。

确定之后，全部门就会忙前忙后，用一两周时间做会议资料。然后，每个月15号左右召开营业会议，再过几天就会举行叫作**“夜会”**的部门聚餐。这已经成了惯例。

课长在邮件里说是“为庆祝我们顺利完成月度预算”，但即便没有完成预算，也会举办名为“慰劳会”“遗憾会”等名目的聚餐。实际上，他们每个月都会聚餐。这群大叔其实就是想喝酒罢了。

除此之外，还有因为人事变动而产生的“壮行会”“欢迎会”，以及海外据点有同事过来出差时的“恳亲会”。平均下来，每个月都会有两三次部门聚餐。

还有，邮件的最后还毫不避讳地写明**“男性员工必须全员参加”**。这种包含酒精骚扰和性别歧视意味的内容，赤裸裸地呈现在课长发出的邮件里，今时今日怕是没有同样的公司了吧。

不管怎么说，在POPAI，作为企业战士，“男性员工”每次都必须参加聚餐。

顺便说一句，为什么会选在周二举办呢？据说因为那天是大安吉日。

“哟，松村君！”

“吉田前辈，您好！”

“你看到邮件了吧？这次‘夜会’由冈田系长担任干事，我、山下还有你，咱们仨一起做干事协助。”

“好……好的。我知道了。”

“松村君，你做过几次聚会的干事协助了？”

“嗯……这次好像已经是第12次了。”

“你这成绩不错啊！在年轻一辈里，你这算是相当努力了吧？有前途啊！估计今天下午冈田系长要开个启动会，那就拜托啦！”

“好的，我明白了。”

“怎么了，出什么事了吗？你怎么无精打采的啊，松村君？你不用担心啦，冈田系长已经做过300多次干事了，他可是传说中的‘POPAI人’啊！而且，去年的海外营业部大忘年会项目，他也是干部成员。我听说他只要把这次聚会办好，就有望升上管理岗位了。所以啊，这次只要有冈田系长在，肯定会顺利搞定的，咱们也一起加油！”

“好……好的。”

果然不出所料，我收到了那天下午的会议安排，干事以及干事协助成员一共4人，从2点开始，开“7月份‘夜会’启动会”。

我刚到会议室，发现冈田系长、吉田前辈都已经落座。

“噢！松村来了！”

“您好，冈田系长。这次的干事工作，麻烦多多关照。”

“嗯，我们这次聚会要同时庆祝高桥次长的升职，也麻烦你了。”

高桥次长，51岁，深得董事会的信赖。过去这么多年，他一直是海外营业部最厉害的营业课长，鹰派作风名声在外。上个月他终于如愿以偿，升到次长的位置。

“不过，山下那家伙在磨叽什么啊？”

“现在正好2点。那家伙真的是这么多年都改不了迟到的臭毛病。”

“那我去叫他过来！”

就在这个当口儿，会议室的门被猛地推开，山下冲了进来。

“抱歉！我迟到了！”

“你啊你，这么重要的启动会你还迟到？！”

“对不起！我错了！”

“哎，我说，你搞清楚情况没有啊？我们海外营业部的工作90%都是按流程作业的，谁都可以轻松上手，所以，光靠工作是拉不开跟别人的差距的。

“你要想跟同期同事还有周围的人拉开差距，只能靠社内应酬！这才是上位的机会！你可别小瞧这事，端正态度，给我上心点儿！”

“好的！对不起！我下次会注意的！”

这种交流方式在POPAI是家常便饭，我已经习惯了。只不过，周围的前辈们对待社内应酬的这种不寻常的投入态度，让我打心底厌烦。

这群人到底是因为什么才对社内应酬这么拼命、这么上心的呢？

“那我们就开始吧。这次‘夜会’的地点已经找了几个备选的，我和吉田今天晚上先去视察两家看看。”

“真不愧是冈田系长啊！我今晚一定奉陪。”

在POPAI，考虑到社内应酬的重要战略地位，干事成员一般会提前好几天去考察举办地点，主要是确认交通方式（怎么从公司过去）和品质情况（是否够格招待部长和次长）。这套流程是必须走的。

也就是说，干事团队的成员会先办一次预热聚会。

“这次的主题主要是‘庆祝高桥次长高升’，这部分我来准备PPT资料。至于背景音乐，对了，就用《恋爱的幸运饼干》[①]吧。山下，你准备一下音响。然后，吉田，昨天交代给你的‘明石本部长的视频寄语’准备得怎么样了？”

“现在是这么安排的：准备先让咱们前原部长给驻美国的明石本部长的当地秘书写封邮件说明原委，事前取得正式批准，再让驻当地的年轻员工小林做准备，协助此次拍摄。

“给明石本部长的委托邮件的底稿由我负责，昨天晚上我已经发给前原部长了。”

“你动作挺快的啊，吉田。时间紧任务重，那就交给你了。好了，接下来是**‘仪式流程’**，山下，你来负责。**‘座次表’**就交给松村了，没问题吧？”

“收到！”

“你们俩都有过实操经验，应该都熟悉怎么做了。对于正常聚会来说，‘仪式流程’是内核，‘座次表’是脊骨，绝不容许有一点儿差错。你们俩下周三之前先交一份初稿上来。”

“收到，明白！”

“最后是‘猜谜游戏’环节，我们这周再抽时间开会讨论一下，都没问题吧？你们现在心里只能想着怎么搞好这次聚会，日

① 日本女子偶像组合AKB48的作品，K歌热门曲目。——编者注

常工作会有其他人去跟进。我们一定要办好这次活动！！”

“收到！”

我这次负责的工作是制作座次表。

在POPAI的聚会准备工作中，“仪式流程”和“座次表”这两份文件都至关重要。

两份都是社内机密文件。

“仪式流程”是一个WORD文档，里面标记了“祝酒词”“新员工表态”“部长结尾致辞”等一系列宴会环节的标题。

“座次表”是一个EXCEL表格，顾名思义，其指定了每个人的席位。

至于为什么公司内部的聚餐还需要座次表，那是因为如果搞错了上司下属、前辈后辈这种上下级的座次顺序，你就“死翘翘”了。这是POPAI社内应酬最基本的常识，决不能大意。只要有了座次表，就不会出现坐在比自己大一岁的前辈的上座的情况，心就可以放肚子里了。

欸?

你完全看不懂这一套操作?

我也不懂。自从被分配到海外营业部，我一直就是这么过来的。也就是说，这就是“POPAI的企业文化”。

毋庸置疑，这个公司已经烂到骨子里了。

很明显，这是过剩的社内应酬。

其实，同一家公司的员工本来就没必要过度在意上座和下座。而且，就算部长要出席，那毕竟也是公司内部的聚会，完全没必要提前考察，甚至还安排“仪式流程”吧？这又不是办婚礼。还有，猜谜游戏真的有必要吗？我是真的看不懂。

虽然我对此有很多不认同的地方，但既然这是POPAI社内应酬的常识，那就没什么好说的了。就算我说“我不想干”，又能怎么样呢？

在POPAI，“聚会”既是工作也是交流。

“聚会”“社内应酬”这种腐烂的公司文化，是我下决心离开这里的主要原因。

打个比方，如果为了业务要招待客户，加深彼此的关系，从而有机会拿到大笔订单的话，我倒是也想得通。

但是，想尽办法取悦部长、次长，和任何商业机会都不挂钩，完全是公司内部的活动。大家为了升职，一门心思扑在社内政治上。

这样的POPAI文化是我不喜欢的。

但是，**人类最恐怖的属性就是“习惯”**。

不论企业文化有多离谱，早晚有一天你会见怪不怪的。

不知不觉之间，人们就会慢慢觉得“这很正常”。

继续在这里待5年、10年，我肯定会被周围人影响，被POPAI文化腐蚀，变成彻头彻尾的“POPAI人”。

我必须在那之前逃离这里。

莫名的不安和恐惧爬上了我的心头。

换工作的黄金锦囊 11

把目光放到公司以外的地方

POPAI的本性已经逐渐浮出水面。其实，现实中也有很多这样重视“饮酒文化”和“宴会表演”的公司。虽说现在的情况已经比以前好很多了，但以“聚会”之名行骚扰之实的现象，想必今后也无法完全消失吧。

每家公司都有其独特的文化，其中不乏违背常理的“非正常文化”。

同时，人类又是适应能力很强的生物，而且日本人还特别害怕自己和周围的人步调不一致。

如果应届生踏入社会后只在一家公司待过，即便身处的环境有问题，也会因为完全不知道其他公司的情况而逐渐陷入“这就是正常的”之思维怪圈。

我自己就是这样。毕业之后，在第一家公司学到的一切我都觉得是“社会常识”，结果到其他公司后，有些地方就被同事指出“其实是不正常的”。

所以说，在一家公司是常识的事情，未必在其他公司也通用。

完全没换过工作，一直待在一家公司的坏处就在这里——即便自己身处异常环境中也无从察觉。

换工作可以有效预防掉入这个怪圈。此外，也可以通过“结交公司以外的朋友”来改善这种情况。

如果只和同公司的人交往，连休息日也是和同事一起出去玩的话，那么社交圈就会收窄，顺带着连思维方式和职场发展都会慢慢受限。

如果可以在公司以外交到关系好的朋友，那跟同事无法讨论的换工作话题也就有了倾诉对象。还有，外资企业很看重的推荐信，也可以请这样的朋友帮忙写一写。

日常就养成与外界接触的习惯，不仅不会被一家公司的风气所同化，还会为换工作、拓宽职业发展奠定基石。

找到下一份好工作的基本是“了解对方”

松村想起了人才机构顾问椎名学姐的那段话。

“每个人都有自己的轴心，只需要把自己内心的想法总结出来就会知道了……松村君可以先想想自己换工作的轴心。当看清自己的轴心之后，觉得外企和全球企业也在你的考虑范围之内的话，可以来找我。”

关于我换工作的轴心……

上次谈话之后，我也思考过。

我觉得椎名学姐说得没错。

不管是谁，都希望自己的收入越高越好；可以做一份能发挥自己经验的工作；希望转岗频次越少越好；比起有很多条条框框、规则严格的公司，更喜欢自由度高、风气良好的公司；办公室当然也喜欢崭新、整洁的；如果公司福利不错，有房租补贴就更好了……

一旦罗列起要求来，倒是不知道该去应聘哪家公司了。能够满足所有条件的完美公司怕是不存在的，所以到头来选公司最重要的还是得做“**优先级排序**”。

我想做一份“需要我发挥自己能力的工作”。

希望公司不以聚会上的才艺表演和高尔夫球局上的表现来衡量个人能力，而是单纯地评价工作表现。椎名学姐也说过，我那勉强能用的英语如果包装好卖出去的话，也可以成为“武器”。

我挺开心的，原来我不是“一无所有”。

如果有公司看中我这方面的能力并愿意雇我的话，我也愿意去那里工作。

我希望自己能成为别人的助力。

我希望能真切地感受到自己在为这个世界贡献一份力。

倒不是要像金田那样去“靠实力定输赢的公司”，我只是希望自己在海外营业部的工作经验和英语能力多少能有点儿用武之地。

然后，收入比现在高——这样也能充分说明对方是认可我的。

并不是说我对钱有多么大的渴望。只是，我希望自己在别人眼里是个“值得高薪聘用的人才”。

我想相信自己对这个世界是有价值的。

比如说，嘴上说着“我非常欣赏你的能力”，却发出一份比我现在的年薪低很多的OFFER，我并不觉得这样的公司是真的欣赏我。如果真的非常欣赏我，难道不该给出很好的待遇来表明“非常想聘用”的态度吗？

- 能够发挥自己过往工作经验的公司。
- 能给出更高年薪的公司。

这就是我换工作的轴心。

我发现，即便不花时间和精力去做“自我分析表”和“个性测试”之类的准备，轴心也已经在我心里了。

只是以前我一直没有把它们汇总为文字罢了。

我换工作的进程又往前推进了一步。

椎名学姐，谢谢你。还有……

“喂，椎名学姐好，我是松村。前几天多谢你了。我想麻烦学姐推荐的飓风生涯株式会社帮助我换工作，不知道可不可以？”

“我就知道你会来找我，太好了！那下周你有没有空来我们公司？不过，不能像上次那样，这次只能选在工作日的白天。”

“没关系！我尽量请年假。我确认好下周的安排后再跟你定见面时间，那就拜托你啦！”

“好的。那我等你的消息。”

椎名学姐连声音都那么好听。

一想到又能见到她了，我的心怦怦直跳。

那一刻，松村的紧张不再单纯源于要换工作，而是因为他起了“邪念”。

这份尚未发育完全的“邪念”从破土而出到将世界燃烧成灰，并没有花太久的时间。

隔周，在飓风生涯株式会社东京赤坂办公室的会议室。

“我喜欢你。”

“……欸？你在说什么？我刚才在问你的‘志愿动机’。”

欸？我在干什么！！！

怎么张嘴就来！！！

“啊……不是……啊，对不起！一不小心就把心里想的话说出来了！啊！啊啊！哎呀！不是这样的！”

“……不行呢，我有男朋友了，也已经订婚了。”

松村瞬间蔫儿了。

为什么会突然说漏一句“我喜欢你”，我自己也没想到。是我内心的想法已经满溢出来了吗？

结果，椎名学姐居然已经有男朋友了！！

“嗯，松村君。这和换工作其实是一个道理。**如果你想成功，就要先了解对方才行。你得先仔细观察对方现在是什么情况、需要什么，不要轻易行动。**你看，我已经订婚了，你突然告白是想怎样呢？”

“是的，没错，你说得对。”

我不知怎的把藏在心里的爱意宣之于口，还被告白对象正儿八经地说教了一通。

“你要看我男朋友的照片吗？”

“欸？好的。”

椎名学姐的手机屏幕上出现了一个肌肉发达、皮肤黝黑的金发男子，看上去年纪还挺大的。

“他的名字叫巴祖卡新井，是现役职业摔跤手。必杀技是帅气的套索踢击。”

“巴祖卡……新井……”

“怎么样？要是和他一起站上擂台，你有信心赢过他吗？”

别说是擂台了……巴祖卡先生的体重至少有100公斤啊！

跟他对决的我身高168厘米，体重56公斤，属精瘦型选手，握力39，俯卧撑最多连做6个，最喜欢的食物是泡芙，会因为“怎么吃都不会胖”而烦恼。

和照片里仿佛“原始森林的至尊王者”的巴祖卡先生比起来，我简直就是“睡眠不足的吉娃娃”。椎名学姐刚才说他的必杀技是“帅气的套索踢击”？而我的绝招则是“用英语写会议记录”！而且，还是拼命用翻译软件的那种！

完蛋，根本没有赢面啊！

“你知道我想说什么吗，松村君？”

“是说我会被巴祖卡先生打死吗？”

“不是啦！他其实很温柔的，连虫子都不会杀的那种。我想说的是，如果你真的想追我的话，应该事先打听一下我有没有男朋友、喜欢什么样的男生之类的吧。

“我的未婚夫很明显和你是完全相反的类型，而且我已经订婚了，你做什么都是徒劳的。像这样不经思考就开始比输赢，是完全不可取的哟。明白了吗？我是在说换工作的事情。

“如果你想成功换工作的话，那就得事先彻底调查对方公司。如果不想清楚怎样才能让别人聘用你的话，那肯定是拿不到OFFER的。而且，以你的经验和技能，也会有怎么努力都拿不到的职位。如果你给这样的职位投简历，那就是在浪费时间。

“比如说，现在是应届生校招场，你的竞争对手全部是大学生，那就没有谁是绝对不可能赢的了。社招就不一样了，什么样的竞争对手都有。可能会有比你多5年工作经验的人来申请同一岗位。所以，换工作的时候，如果不找一些胜算高一点儿的职位，那会拿不到OFFER的。我不想看到你像现在这样鲁莽行事后经历失败。”

鲁莽行事。

是啊，的确是这样。

他是“巴祖卡新井”，那我就是“泡芙松村”，怎么可能会赢啊！

……什么鬼啊！“泡芙松村”，这是搞笑艺人吗？

唉，都有点儿想哭了，我是真的很差劲。

“想进的公司”和“能进的公司”是两码事

我在书中已经多次提及换工作的时候重要的不是自己，而是对方。

不论对方是自己多么想去的公司，如果从实力论，自己的胜算较低的话，那从一开始就没必要去尝试。

如果是对方不需要的东西，不论你怎么卖力地推销自己，都无法改变对方的心意。

对于没面试上的公司，有的人会选择再战一次，但那大概率是在浪费时间，还不如洒脱放手。不论你再怎么努力，落选就是落选。

社招的时候，像是“只招大厂出来的人”“跳槽两次以上者不招”等，这些条件是不会写在招聘要求里的。所以，有时候光看招聘要求感觉自己还挺有戏的，结果一投简历就被刷掉了。

我在工作过程中就遇到过好几个这样的应聘者，明明才20来岁，就盲目地投递高级职位，结果简历就落选了。相反，也有一些人经历优秀却投递了与能力不匹配的低端职位。这就是在浪费机会。

换工作成功的概率，基本是靠职位适配度来决定的。“合适”

比“优秀”更为重要。

换工作的时候，选择使用“人才机构”而非“直接应聘”的一大优点，就是可以规避上述的“不适配”情况。

人才机构虽然不太会帮我们考虑性格方面的适配度，但是在个人能力与职位要求匹配程度方面，倒是可以给我们一些建议。

毕竟，如果给企业介绍了与要求不匹配的人才，也会损伤人才机构自身的信用。

当自己“想进的公司”和“能进的公司”不一样时，当然可以在简历和面试上使用一些技巧，来提高与职位的适配度。但是，如果适配度明显很低，也就是说，自己的实力、经验都够不着那个职位的话，不论怎么投递简历都会石沉大海的。

通过人才机构了解一下什么样的职位是自己努把力就可以获得的，以及要去哪里找到这样的职位，这项事前工作很有必要。

找到下一份好工作的三招制胜法宝

“哎呀哎呀！振作起来，被拒绝也是没办法的事情呀。咱们还是聊回换工作的话题吧。刚才说到哪儿了？哦，对，你考虑过下一份工作的职业、行业之类的吗？”

椎名学姐的心情转换得快到可怕。

明明我刚刚失恋了。

“其实，我还没想清楚。”

“如果是这样的话，那我们就从你刚才说的两点要求入手：①能够发挥自己过往的工作经验；②提高收入。我们先来看看有哪些职位既可以满足这两点要求，同时对你来说又有赢面吧。

“一般来说，我们在规划职场发展的时候，会使用的王牌思维模式大致分为三类。”

椎名学姐仿佛刚才什么也没发生一样，工作模式在稳步运行，只见她迅速地在白板上写下板书。

可能对于像她这么有魅力的女性来说，突然被表白不过是日常罢了，就像是午饭后的咖啡，没什么特别稀奇的。

提升职业发展，找到下一份好工作的三招制胜法宝：

①利用“职业”经历。

②利用“行业”经历。

③同时利用“职业”和“行业”经历。

“你想用过去的职场经历作为换工作的切入点，这想法倒也不错。因为你毕业后已经在现在这家公司工作5年了，所以如果以新人身份换工作的话，的确是非常不划算的。那么，必然就要考虑那些需要相关工作经验的岗位。

“如果你要利用目前的职业经历，即应用法宝①去找‘海外营业’或者‘境外出入口管理’等相似职位，就得找个比TKG行业收入更高的行业。”

“你的意思是，整体薪资水平都比TKG高的行业吗？”

“没错，像是IT、医疗、汽车、电机等大规模行业。若是想利用法宝②‘不换行业’，继续留在TKG行业里，找个不同的职业，也是一种方法。哪怕是个你没有相关经验的职业，但你已经有4年多的行业经验了，可能也会有公司愿意聘用你。

“如果你有什么想挑战的职业，可以试试看。如果是TKG行业的话，比如从‘海外营业’转去做‘海外市场’或者‘全球经营企划’，这样或许也可以涨薪。”

“可是我对市场、企划之类的工作都没什么自信啊……”

“当然，在同一个行业里切换职业的难度还是挺高的。可能在一些很小的细分领域，行业人才也很稀缺的情况下，倒是会有些机会。用人单位可能会因为看中应聘者的‘行业经验’而给出很高的评价。

“然后，还有法宝③，即尽量在不改变‘海外营业’‘TKG

行业’的前提下换工作，比如到POPAI的竞争公司工作，或者去效益更好的企业。不过，POPAI在TKG行业里已经是国内的大型企业了，再往上就有点儿难找了。所以说，这里就该轮到我出场了。”

“是要去外资企业里找，是吗？”

“没错，你真是一点就通啊。去TKG行业的外企不失为一种选择。你有‘海外营业’的经验，和这类企业是有契合点的。我觉得说不定法宝③保留‘职业’和‘行业’换工作，对你来说是成功概率最大的选择。

“当然，也有一些人是因为‘想挑战不一样的职业’或者‘有特别想去的行业’而选择换工作的，那么他们就适合探讨法宝①或②的方向。松村君是想最大限度地利用自己过去的经验，那咱们就优先从这一点出发。

“如果你不排斥TKG行业以及和海外营业相关的工作内容，那就没必要特地换成别的。不过，20来岁第一次换工作，想提高收入倒是有些难度的。如果你优先考虑收入，那就保持‘职业’‘行业’不变；如果，我只是举个例子，如果你觉得可以适当降薪的话，有可能可以在你完全没经验的行业或职业里找到潜在的发展机会。”

“谢谢你的建议，我大致有了整体认知。的确如你所说，我如果不用过往的经验，进入一个全新的‘行业’或‘职业’的话，那就没有涨薪的可能。但是，我这次换工作的目的之一就是涨薪。倒不是我多看重钱，只是我刚毕业找工作那会儿，我父亲跟我说过这么一番话。

“‘**你一定要看薪资，因为这是衡量一个人为公司做了多大贡献的指标。**’这句话一直被我记在心里。我父亲在银行上班，他知道社会上金钱的来去动向，也见证过中小企业的成立和倒闭。

“**所以他说，哪家公司的薪资高，就说明这家公司对社会的贡献值高，也证明其每个员工的工作都对社会有用。**我毕业后选择去POPAI这样的大型企业，也有一部分原因是因为他这番话。

“我希望自己每天做的工作都是对社会有用的，所以我才想去收入高的公司。不过，父亲的那番话说不定是想让我不要总是啃老，好好赚钱吧（笑）。”

“说得不错啊，你父亲很优秀呢。在换工作的时候提到钱，有些人会生气，觉得不应该只在乎钱，毕竟金钱不是人生的全部。但是，有些人很看重钱，这种想法也没错。薪资高的公司，效益也更好，他们的产品和服务也有很大的附加价值。也就是说，这样的公司提供的东西即便是高价的，也能吸引消费者为之买单。这的确是不争的事实。”

“我虽然对POPAI有很多无法认同的地方，但并不讨厌TKG行业。怎么说呢，其产品可以让我感受到人的温情和热忱，我还是很喜欢的。所以，在TKG行业里找外资企业，或许是一个方向。我在海外营业部工作的这3年，也慢慢对海外的工作产生了兴趣，想精进我的英语能力。”

“是的，可以作为备选方案之一。我们公司很擅长筛选外企岗位，所以有一点建议给你。外企并不像坊间传得那么残酷。电视剧里‘上司一声令下就得卷铺盖走人’的情景，九成以上的外企里都没有上演过。

“但是，外企比日企更看重实力，在外企是无法靠工龄向上爬的，也不能保证你能安稳干到退休。有不少人不适应这种环境，干了几年就辞职了。我接下来会去找一些符合你情况的职位，但不把目标局限在外企，也会同时找一些有全球据点的日系企业。”

“好的，我也想先看看具体有什么样的岗位。那就拜托你了！”

松村的心情完全好了起来，根本看不出来他刚刚经历了一次失恋。

对啊，我要换工作！

虽然情场失意，但是职场有可能会得意啊！

啊，这是什么？汗水、汗水进到我眼睛里了……我才没听过什么巴祖卡！

松村“真正的悲剧”从这里才正式拉开帷幕，他本人却一丝也没有察觉。

换工作的黄金锦囊 13

如何选择“会给 OFFER 的企业”

我们再复习一遍如何筛选企业。

提升职业发展，成功换工作的三大制胜法宝：

① 利用“职业”经历。

② 利用“行业”经历。

③ 同时利用“职业”和“行业”经历。

顺便说一下我的情况。我第一次换工作用的是法宝①，第二次用的是法宝②，第三次用的是法宝③，第四次又是法宝①——请先无视我换了这么多次（笑）。

我每一次换工作都运用了这三大法宝。

换句话说就是，“职业经历”和“行业经历”都没有的话，是很难成功换工作的，应该尽量避免。

除非一开始就不是奔着职场发展去的，不然，想以社招的身份成功换工作的话，必然要借用“职业经历”或者“行业经历”，否则收入和待遇基本都不可能得到提升。

不过，这并不是说“只能继续选择同一种职业”。

比如说，以前是做 B2C 业务的，后来可以跳去做 B2B 业务；再或者之前是工程师，后来转型做项目管理，收入也会大幅度上涨。如果没有完全一样的行业或职业的话，也可以选择相似的业种。

就算行业和职业完全不同，但“企业所需要的必备能力”大部分相同，只要能充分运用自己过往的经验，也可以通过换工作实现职业发展。重点就是“能否运用过去的经历”。

相反，如果所选的“职业”“行业”都跟过去的经历没什么关系的话，那换工作的难度就会加大，而且也无法对提高收入抱有什么期待。

这种情况下，进入新公司的最初一段时间会比较吃力。如果没有很强大的心理建设的话，建议大家还是避开这种有难度的方案。

要想通过换工作来获得职业发展，就要找到过往的经历与下一份工作之间的“连接点”。重点是构建一个很有说服力的故事，让人信服“你可以把过往的经历运用到下一份工作里”。

第4章

找到下一份好工作的“最终武器”

混沌、破坏、分别

“来来来，大家把杯子都举起来！我们祝愿这个世界都将属于POPAI！干杯！！”

“干杯！！”

7月份海外营业部APAC营业课的“夜会”在前原部长的祝酒词中拉开了帷幕。

“不对劲哟，小松村？干杯干杯，可是要喝干净的啊，你杯子里怎么还有啊？”

“啊，抱……抱歉！”

“那你要一口气干完！干完！干完！”

松村慌忙将杯子里的啤酒灌进了喉咙。

唠，真难喝。

我其实还挺喜欢喝酒的，但是这喝法太遭罪了。

※本故事纯属虚构，大家平时喝酒要量力而行。

“慎太郎，你就别欺负我们的年轻人啦！这家伙最近老是因为一些没骨气的理由请假，不是生病就是家里有事，完全没有企业战士的自觉和斗志，搞得我都不想管他了！”

“哎哎，等等，你又说‘别欺负他’又说‘不想管他’，植野辈前[1]，你这不是自相矛盾吗？”

“就你话多！喝酒喝酒！”

“我在喝啊，是你们松村没喝吧！”

植野由美系长是我的教导员，又名“破坏神”。近藤慎太郎主任是APAC营业课里举止最轻浮、酒量无敌的“体育系派对之王”。他们俩像往常一样，沉浸在你一言我一语的嘴炮大战中。

环顾周围，只见每一桌的前辈都在拼命地给后辈灌酒。不得了，隔壁那桌居然还对女性员工开下流的黄色玩笑。到处都是肆意妄为的下流露骨行为。

※如果遭遇类似的酒精骚扰、职权骚扰或性骚扰，要么立刻向公司的相关部门举报，要么读完本书后赶紧换工作吧！

“哎哎，植野、近藤，主场差不多要开始了。”

“咳咳（清嗓），大家已经喝起来了吧？我是**次长高桥**。恭喜大家完成了本月的营业预算。我相信这完全是仰仗各位日常的努力，是秉承POPAI理念的各位POPAI人的行动所带来的果实。”

高昂的声音响彻整间屋子。

① 原本应该是“前辈”，但因为植野和近藤是同级，这里近藤称植野为前辈是一种戏弄的叫法，所以颠倒过来叫。——译者注

高桥秀夫今年51岁。初高中时期，他一直是合唱团的成员，也不知道他有没有过想发展成专业男高音的一刻。不过，不管怎样，他现在唯一的爱好就是喝酒。

他是海外营业部名声最响的鹰派人物，头顶一层稀薄的毛发，大腹便便，任由中年发福的痕迹留在身体上。

3年前，大型代理商大会结束后的三次会，在凌晨2点的KTV里，随着执行董事明石本部长一声令下："**高桥、近藤，你们俩脱光了在这儿来场相扑比赛。**"高桥课长和近藤主任就展开了"一局定输赢的裸体相扑大战"。

董事的命令是绝对不可违抗的。

两人心一横，把浑身上下的衣服都脱了个干净，甩着浑身赘肉展开了勇猛的进攻。"体育系派对之王"近藤主任到底年轻，行动敏捷，相比之下男高音高桥课长则太孱弱无力了。

结局是高桥课长惨败，在KTV包厢里被摔了个四仰八叉。一丝不挂的管理层深更半夜被救护车送到医院，被诊断为"右手指开放性骨折"。

然而，这份"为名誉而战的负伤"和"绝对的忠诚之心"获得了明石本部长的高度赞许。从那以后，高桥课长便开始享受董事会成员的待遇，在高尔夫球局和社内会议上大放异彩。

两年后，他拿到了晋升次长的推荐信，并凭借一己之力在据说难度超高的"POPAI高管晋升考试"中打破纪录，考出了POPAI史上的最高分1000分。上个月，他刚从课长晋升为次长。大家甚至都说他那如秃秃大草原的后脑勺里"住了个神仙"，可以说是"当代最强"POPAI人之一了。

“如各位所知，我上个月晋升到了高级管理职位，被任命为次长。这就是证明！”

说着，高桥次长双手将**金色的POPAI人偶**高举了起来。

“哇！那个是……”

“只会颁发给高管的金色‘POPAI君’！！”

“厉……厉害啊！！这是我第一次见这个小金人！好神圣啊！！”

刚毕业进公司的时候，每个人都会拿到一个绿色的“POPAI君”。

“POPAI君”是POPAI的官方吉祥物，在去年的全国吉祥物大赛中斩获了第219名的佳绩。

绿色“POPAI君”上带有入门选手的标志，随着职位的晋升，就会慢慢拿到黄、蓝、橙、红等颜色的“POPAI君”。

次长以上的高管拿到的“POPAI君”是金色的，再高一级的执行董事拿到的是铂金的，高级执行董事拿到的则是黑色的。

最高级的是彩虹色“POPAI君”，这世上只有一个人拥有它，那就是受教于创始人法莲草珍助、POPAI电工株式会社的董事长明智社长。

高桥次长已经完全沉浸在自己的喜悦之中了。

老实说，在写字楼一条街街角居酒屋的大包厢里，这位高举着莫名其妙的金色玩偶、发表着不知所谓的演讲、满脸得意地环顾四周的50来岁中年发福大叔，在旁人看起来不过就是喝醉了。

不对，事实上，他就是喝醉了。

这些令他沾沾自喜的“高管证明”“社内晋升考试的成绩”只适用于公司内部，在外人看来根本不知道厉害在哪里。

也就是说，只要踏出这家公司，这些东西都会变得一文不值。

这些只有POPAI认可的权威和成绩，被这位50来岁的大叔如此大肆宣扬，看着格外滑稽。

二三十年后，我是断然不想变成这个样子的。

绝对不要。

“各位，真的非常感谢大家！我，高桥本人，今后会把对POPAI的忠诚更加铭刻于心。我会把自己的生命全部奉献给工作，坚实履行次长的职责。以后，请大家叫我‘神·高桥’(SHIN·TAKAHASHI)[①]！”

“神·高桥！！”

“神·高桥！！”

“神·高桥！！”

“神·高桥！！”

“神·高桥！！”

“神·高桥！！”

这算是宗教组织了吧。

不知怎的，高桥次长似乎被“神·高桥”的欢呼声刺激到了，端起一扎啤酒一饮而尽。这场面叫人感到莫名其妙，实在是疯狂至极。

“神·高桥！！”

“神·高桥！！”

“POPAI万岁！！”

①“高桥”的日文读音是TAKAHASHI，而“SHIN”是“神”的读音。高桥次长希望大家以神之名来称呼自己，希望得到下属的敬重。——译者注

“高桥次长万岁！！”

“不好意思，这样会打扰到其他客人，能否稍微小点儿声……”

“神·高桥！！”

“神·高桥！！”

任谁都无法阻挡这一阵阵山呼万岁。

厚厚的云在天空中暗自涌动，挡住了难得一次的满月。

今晚天气格外阴沉，空气中满是濡湿的水汽，这闷热的夏天真叫人心烦。

抬头看去，只看到一片黑暗。

“社畜们”的疯狂让夜晚的写字楼一条街变成了地狱，杯中的酒精平白把时间都溶解掉了。真想赶紧从这片黑暗中把自己解救出去啊。

3个星期后，我终于趁着午休跟金田约上了饭。

因为想聊一下彼此换工作的进展，所以我们没去员工食堂，而是选择了离公司步行需5分钟的咖喱店。这家叫“阿尼什的咖喱屋”的店铺虽小，却风格独特，一般鲜少有客人来。在这里吃饭，应该不会碰上POPAI的同事。我们点了店里的特制芝士咖喱和馕，然后就落座了。

“那，你最近工作换得怎么样？上次见面之后，你让椎名学姐那边帮你换工作来着，是吧？”

“是的，真是很感谢你把学姐介绍给我。那之后，我通过飓风生涯株式会社投递了好几家外企和全球企业的岗位，有两家进入了面试环节……”

“欸?！挺顺利的嘛！我都要被你反超啦，是不是马上就要拿到OFFER了？”

“还说呢，那两家都在第一次面试的时候挂了。”

“好吧，唉，其实我也一样。上次见面之后，我参加了3家公司的面试，但第一次面试的结果都是不合格。收到落选邮件真的很受打击啊。”

“可不是嘛，真的很丧。换工作远比我想象的更需要心理承受能力啊。”

“啊——我这样下去还能不能换工作啊？我都已经找到了换工作的轴心，也选定了准备应聘的方向，结果一去面试就挂了，一点儿能拿到OFFER的苗头都没有。”

“看来换工作真不是件简单的事啊，之前是我太小看它了。”

“是啊，之前椎名学姐说我的英语实务经验会成为换工作的武器，可结果也就是有机会通过简历筛选进入面试而已。如果第一次面试时没有得到很高评价的话，也没机会进入最终面试。”

“听说外企的竞争很激烈，这结果也算是情理之中了。”

“说到底，能不能通过面试筛选，还是得看自己和同批面试者的比较结果。**如果一位远比自己优秀且很有相关经验的候选人和我们在同一时间参加同一岗位的面试，那我们再怎么努力都没用。**某种程度上说，这事儿也有运气成分在。”

“的确是。不仅要看自己的经验、技能和职位要求的匹配度，还要拿到比同时参加面试的其他候选人更好的评价才行。而竞争对手的水平如何，的确要看当时的运气。”

“和我们一样在考虑换工作的，估计大有人在。所以，我们只有在竞争中赢到最后才有机会拿到OFFER，这还是很有难度的呀。而且，像咱们这种20来岁、工作经历只有4年多一点儿的，可选择的职位其实也没那么多。”

“这话听起来真让人泄气，但又是事实。”

“打个比方，就算我愿意大幅降薪，或者不挑上班地点，放宽条件，可能会多一些职位选择，但这又不符合现实。光是找到完全匹配自己的诉求，且是自己感兴趣的工作内容的职位就已经很不容易了，还得在这仅有的职位中成功投递简历，过五关斩六将通过面试筛选。唉，现在看来换工作完全没戏啊。”

“欸？金田，你今天挺气馁的啊，怎么了？感觉你没啥精神的样子。”

“那个……”

如果是平时的金田，不论碰上怎样的绝境，都会是一种“船到桥头自然直”的态度，但今天的他完全没有了奕奕神采。

我有一丝不好的预感。

“那个，已经出来了，人事调动的任命函。”

“人事调动？！”

我太惊讶了，一不小心把咖喱弄到了衬衫上。

“就是上次说的组织架构变更？不是吧？！不会要转岗吧？你被调去哪里了？”

“下个月开始我就要去大阪的‘西日本POPAI本部’当会计了。听说大阪那边有四五十个员工要被调走，我就是去填坑的。

“总而言之，那些拒绝提早退休的大叔要么被发配到了防御事业部，被变相辞退，要么被下派到地方分店，被迫降薪。公司就是想节省人力成本。

“这样一来，之前3个大叔干的活儿，以后都要由像我这样的年轻人独自承担了。毕竟我们的工资低又不会发牢骚。”

“公司好过分啊。我完全没想到连金田你也会被卷入这次的组织架构变更。不过，你这家伙可不是什么省油的灯，怎么可能任劳任怨？”

“哈哈哈，你怎么说话呢！我哪有那么狂啊（笑）？！你也知道，公司的人事调动是不可以拒绝的。但既然我不打算在这里久留，便不会担心跟公司对着干会影响人事评价的结果。只是眼下的局面，拒绝调动就意味着要被炒鱿鱼，很可能会被安排到‘职业发展规划室’。”

“职业发展规划室？就是传说中的‘劝退室’？”

“对啊，因为这次的裁员和组织架构变更纠纷，已经有好几个人被调到那里去了。好惨啊，如果被踢到那里的话，基本就玩完了。”

“那……那你的意思是你不换工作啦？还有你之前说的你们家的猫，你打算怎么办？”

“换，当然要换啊。我就算是去了大阪，也会继续换工作的。还有，小春香，我会带去大阪。昨天花了两个多小时终于说服我爸妈让我带走它，不过条件是为期一年。小春香一定是要由我来守护的。”

“那就好，还能继续和猫在一起就好。”

“喂，不是‘猫’，是‘小春香’！”

“好好，我知道了。金田，你可真的是很宠她呢。但是，之后你在大阪，还怎么找东京附近的‘无转岗’的工作啊？难度更大了吧？”

“嗯，是啊，我也这么觉得。不过，好在现在越来越多的公司可以安排线上面试了，应该也不用每次都来东京，反正我先试试吧。还有一点哟，通过这一两个月换工作的经验，我发现了一件事。

“我在大阪再多积攒一年左右工作经验之后再去换工作，说不定会更好。**因为很多招聘职位都要求‘5年以上经验’。我们再攒一攒，马上也有5年了吧？所以，我想要不就一边在大阪工作，一边慢慢找换工作的机会，稍微把换工作的战线拉长一点儿。**”

“你说得也不是完全没有道理……唉，但是，你下个月就要去大阪了。这次转岗真是太突然了。搬家什么的也够你忙的吧？”

“没关系，有小春香陪着我呢。”

“……”

没想到我们在这家狭小的咖喱店的见面居然变成了金田的送别会。

早知道就找一家更好的店了。

人事调动、转岗真的来得太突然了。

两周之后，金田带着他的爱猫踏上了去大阪的旅程。

对我而言，则意味着我失去了一位并肩作战的盟友。

要“从长计议”吗？

倒也没错，以这段时间的经验来看，要求“5年以上海外营业经验”的岗位的确比要求“3年以上”的多很多。

如果再工作半年的话，就可以满足“5年”的条件了，我的选择范围说不定也会变得更大。

但是，这半年我还能继续忍受“打杂”“高尔夫球局”“宴会表演”“神·高桥”吗?

我感觉继续待下去的话，我整个人都要腐烂了。

还是不能在POPAI待太久。

叮。

手机收到了一条信息，打开一看是椎名学姐发来的邮件。

松村先生，

你好。我是飓风生涯株式会社的椎名。

恭喜你，前几天你投递的“AKIMAHENDE株式会社[1]海外营业担当”职位已经通过了简历筛选。

接下来我们将安排第一次面试。

请告知本月内你方便的时间段，希望可以有多个备选，以便协调。

麻烦了。

①“AKIMAHENDE”是京都方言“不行”的意思。这里可以理解为暗示这家公司的面试又没有好结果。——译者注

◆-+-+-+-+-+-+-+-+-+-+-+-+-+-+-+-+-+-+-◆

飓风生涯株式会社

资深顾问

椎名步美

东京都港区赤坂3-33-33

赤坂世纪天空大楼35楼

电话：090-××××-××××

◆-+-+-+-+-+-+-+-+-+-+-+-+-+-+-+-+-+-+-◆

又要参加面试了啊。AKIMAHENDE株式会社是一家总部在关西的日企，也是TKG行业的中坚企业，不过我应聘的海外营业部的工作地在东京的秋叶原。

这次我一定要争取进入最终面试。

加油吧！把日程排一排，我要开始做面试准备了。

松村失去了盟友金田。

他换工作的旅程还远没有看到收尾的迹象。

换工作并不一定要有“结果”

换工作是一场非常严苛、难熬的战斗。最短也要花两个月左右的时间，有的人甚至花了一两年都没成功。

确定好换工作的轴心，想清楚自己为什么要换工作固然很重要，但是理想有多美好，现实就有多残酷。理想和现实之间的差距将会一直折磨着换工作过程中的大家。

大家想想就知道了。比方说，你非常想换一份“年薪600万日元以上”的工作，但现实中如果一直碰不到给自己开这个年薪的公司，那你就会一直换不了工作。

这就是换工作的现实，愿望和理想是很难轻易实现的。在这种情况下，有两种可以破局的办法：①把自己的条件稍微降低一点儿，比如“年薪500万日元也行”；②暂时先在原地待着，继续积攒经验、技能，争取让自己匹配上“年薪600万日元”的岗位。

这里没有标准答案，毕竟每个人都有自己的想法。

不过，如果一发现自己最初的条件很难达成，就轻易降低要求向现实妥协的话，从长远来看是否对自己的人生有益，我持保留意见。

如果通过降低待遇或更换目标职业，或者以合同工身份进入新公司等大幅降低要求的方式去换工作的话，那就没有什么意义了。

这种牺牲已经完全偏离了自己最初设定的轴心，相比之下，留在现在的公司或许是个更好的选择。

如果换工作的战线拉得很长的话，过程中你可能会逐渐妥协，自然会想去那些容易拿到OFFER的公司，可这样做对自己并没有什么好处。

换工作的终点并不一定是“换成了工作”。“暂停换工作”远比“选择换工作”更需要勇气，也是一种很有必要存在的选择。

这并不意味着放弃。

为了得到长远的利益，有时候是要放弃眼前的利益的。

雨天的重逢

结果，那场面试松村还是落选了。

松村一共参加了4家TKG行业里的外资企业、日系企业的全球公司的面试，但结果全部扑空了。

因为听了椎名学姐的建议，松村找的都是和他现在的工作相似的同行业职位，所以简历基本都能过关，但到目前为止都停在了第一轮面试环节。

9月中旬，距离我开始准备换工作已经过去3个月了。

“社招的时候，一般第一轮面试的面试官都是该职位的直属上司，后面最终面试的面试官会是更高层的部长级领导，或者人事部的招聘负责人。所以，比起工作经验和能力，最终面试会更看重‘人品’和‘商务人士的气质’，面试现场的表现和是否能拿到OFFER直接挂钩——如果你第一轮面试没落选的话。

“进公司后，每天和你一起工作的是你的直属上司，也就是第一次面试你的面试官。所以，重点是这个人能高度认可你的工作能力，认为‘这个人的工作能力完全可以胜任相关工作，肯定能给公司做贡献’。这样一来，就算你的最终面试成绩不是满分，只要直属上司能内部举荐你，你也有很大概率能拿到OFFER。

虽然你和这位面试官的气场是否相合也会影响面试结果，但重点是要把自己的工作能力充分展现给这位‘未来的上司’。加油啊，松村君！”

椎名学姐给了我这样的建议，所以我很努力地准备了我的第一轮面试。

我的“武器”是——

· TKG行业的专业知识和实务操作经验。

· 用英语作为工作语言的经验（写内部邮件、备忘录和会议资料）。

· 在公司内部各个部门之间传达信息、协调工作等技能。

我就想到了这些，看起来好像有点儿“弱”，写下来后更觉得寒酸了。我都不知道这些能不能叫作“武器”。

到目前为止，我看到的招聘信息里基本都会有这样一些“人才要求”：

必要条件

· 大学学历及以上；

· 3年以上TKG行业或者相关行业的销售或市场经验；

· 熟练使用电脑（制作EXCEL、PPT等）；

· 英语能力（写邮件、报告等书面沟通能力）；

加分条件

· 获得MBA（商学硕士）；

· 托业考试（TOEIC）成绩900分以上；

· 有海外工作经历；

· 掌握经营企划、财务、会计等方面的知识或者技能。

这样看来，我的情况的确完全满足“必要条件”，但是和“加分条件”一毛钱关系都没有。

大概是因为我满足了最低限度的必要条件，加上有POPAI这样的大企业背书，我才有机会进入面试环节，但我第一轮面试的表现又不足以让面试官觉得“这个人的工作能力完全可以胜任相关工作，肯定能给公司做贡献”。

肯定是这样的。

一回想起面试的场景，我脑海中不禁泛起一些不愉快的记忆。

那是我前几天投递的某家企业的第一轮面试。

“那么，松村先生，也就是说，你在POPAI的海外营业部已经有好几年用英语与人邮件来往沟通、写会议记录的实务经历。那顺便问下，在过去的工作中，你有没有提出过一些改善方案并得以采纳的，或者构建过什么新的流程方案呢？”

“构建……新的流程方案的经验啊？”

“也不用是那种很正儿八经的。比如说提高业务管理效率的操作流程啊，统一资料的格式啊，像这种日常的小改善也算。”

“其实，是这样的。在POPAI，像我这样20来岁的年轻员工是没有任何变更权限的。上头怎么吩咐就得怎么执行，不然的话就会被骂……”

“这样啊。那我换个问法吧。松村先生，你觉得自己作为一个商务人士，有什么强项吗？”

“协调公司内部各部门的协同关系，以及英语实务经验。”

“英语实务方面，我们刚才已经聊过了。那么，你刚才说到的‘协调公司内部各部门的协同关系’，具体指哪方面呢？”

“我们每个月都会开营业报告会议，会上必须提交当月业绩的初步统计数据，我为了能在截止日期前将资料收集齐全，会提前一周催相关负责人。另外，如果上司突然扔给我工作任务，我也可以找到相关人员，让他们帮忙完成资料之类的。”

“那么，你为什么觉得这是你的强项呢？”

“……”

我一时语塞。

为什么？因为我在POPAI只负责这样的工作，所以只能说这是“强项”。那这为什么是“我的强项”？因为我没有别的可以称之为“强项”的东西了。

两天后，我收到了意料之中的回复：**“经过严格的审查，非常抱歉，这次不予聘用。”**恐怕其实并不需要什么“严格的审查”，我很明显是“不合格”的。

我懂的。连我自己都说不清楚我的强项是什么，对方也没理由给我很高的评价。换作我是面试官，也不会聘用这样的人。

不过事实就是，POPAI的大部分工作就是“流水线业务”和“社内应酬”。就算我绞尽脑汁，也只能想到“英语实务经验”和“协调公司内部各部门的协同关系”这两个还算拿得出手的强项。

我平时的工作还有准备酒局前的碰头会、接送部长参加周末高尔夫球局等，可这种事情不可能在面试的时候讲。

就算我再怎么努力找补，所谓“强项”也只能想到目前这个程度了。

我懂的，连我自己都看得懂这局势。

在POPAI积累的工作经验是没有"市场价值"的。

流水线一般的傻瓜作业，为了社内报告做300页以上的PPT，制作社内应酬酒局的"座次表""仪式流程""猜谜游戏的问题集"等工作占据了POPAI员工的日常工作时间，这样的人在别的公司看来，肯定不是"一定想聘用的才能之士"。

那我该怎么办呢？

事实就是，我每天做的都是这些没有价值的工作。

谁都可以胜任的工作。

数年后会被AI替代的工作。

都不用说AI，是会被EXCEL软件轻易取代的工作。

我最重要的工作是在宴会上表演、一口气喝完一杯酒，以及拍上司马屁。这也是POPAI的真实状态。

果然，我来到POPAI就是一个错误的选择。

进了这么一家积攒不到任何经验的公司，是我最根本的错误。

到头来，我果然没有"市场价值"。

事到如今，深田离职前说的话还萦绕在我耳边："实际上，基本不存在'连自己都尚未发掘的强项'。如果一个人身上真的具备这种所谓的'市场价值'，我觉得他自己不可能察觉不到。"

是啊，椎名学姐说我的"英语实务经验"是"市场价值"。

那应该不是假的。

但是，这应该不是说我的"市场价值"高到可以短期内拿到OFFER。毕竟我不像深田前辈那样"毕业于海外大学"，或者"有海外工作经验"。

我的英语实务经验只能“少许加分”，但还不是“决定录用的关键因素”。我手上并没有什么“强劲的武器”能让我斩获加薪的OFFER。

我的履历是无法改变的。

既不能粉饰也不能作假，就算我再怎么努力准备面试，也会因为工作经验本身的贫乏而无力推动。

难道我只能降薪妥协吗？

但是，我并不想那样做。

因为一旦偏离轴心的话，换工作就失去了原本的意义。

要不我和金田一样，先把换工作的事情放一放，再工作一年看看？不行不行，我的工作就是流水线作业和社内应酬，恐怕一年后我的“市场价值”也不会有任何变化吧？

我该怎么办才好？

是不是已经走投无路了？

我是不是换不了工作了？

我选了POPAI这么个奇葩公司，还在这里待了4年多，什么经验都没积攒到，却马上就要“奔三”了。我的职业生涯是不是离死期不远了？

啊啊啊啊啊啊啊啊啊啊啊！！不行，我完全没答案！！！

想破脑袋也没有任何头绪，真讨厌这么无能的自己。

哎呀！不行不行，我这么丧也解决不了任何问题，要是一味地消沉下去，我就完蛋了。

……要不换换心情，今天回家的路上顺便去趟书店吧。

我喜欢音乐、小说和咖啡。喝着微苦的咖啡，戴着耳机听歌、看小说，我就能完全进入只属于自己的世界。那些时刻对我来说是至高的幸福。

一小时后，新宿哗啦啦地下起了雨。

老天爷这“哇”的一声大哭，仿佛就是我的内心写照。

JR[①]新宿站东口附近有一家很大的书店。

因为换工作的事情陷入困局，我本来想买本新出的悬疑小说看看，换下心情。结果等醒过神来，我已经站在分类为“就业·跳槽·证书”的书架前了。

视线不由自主地锁定了《教你斩获心仪公司的OFFER》《如何找到自己真正的强项》《再也不会失败！谁都可以一天内跳槽：史上最强跳槽指南》这种类型的书。

啊啊，我真的要崩溃了。

在现在这样饱受精神压力的情况下，就算借助其他事物，我也无法分散焦虑。毕竟这只是在逃避罢了。

到头来，我还得想办法解决压力来源才行，不然无法从根本上缓解焦虑。

没有强有力的“市场价值”，我是不是就没有换工作、提升职业发展的机会了？

我是不是只有降薪一条路可走了？

连自己的实力都没弄清楚就慌里慌张地开始换工作，是不是因为我只想从眼前的现实中逃离呢？

就在我胡思乱想的时候，有人叫住了我。

---

①JR 指日本铁路公司（Japan Railways），是日本的大型铁路公司集团。——编者注

“松村君？”

我抬眼一看，眼前的人竟然是安斎前辈。

自打上次在品川站附近的西班牙小酒馆和两位前辈聚餐后，我再也没见过安斎前辈。

这么说来，他貌似说过现在在这附近上班来着。

“好巧啊。你刚下班吗？哎呀，你这是怎么了？脸色很差的样子。”

“啊！安斎前辈啊！是吗？我的脸色不好吗？没有吧。哈哈哈……”

“松村君，你还在想换工作的事啊？”

“啊，也不是，其实……”

当时，我正站在分类为“就业·跳槽·证书”的书架前，手里拿着一本《再也不会失败！谁都可以一天内跳槽：史上最强跳槽指南》，想糊弄都糊弄不过去。

“松村君，你这眼神死气沉沉的，真的没事吗？这附近有家不错的店，我正要过去呢，你要不要一起去？晚饭我请客！”

我没再说什么，随着他走出了书店，发现外面的雨势越来越大。

天也在哭泣。

新宿的夜色格外妖娆，满是雨滴的水洼里折射出一圈圈跳跃的光晕。我不禁有些恍惚，不知自己身在何处。

“到了，就是这儿，我常来的。”

只见招牌上写着“‘深潜’酒吧＆咖啡”。

店内装修是时下流行的布鲁克林风，背景音乐是外文曲目，不仅很有品位，还给些许昏暗的店里增添了点儿色彩。店里还摆了复古的台球桌和飞镖机，总体感觉是个很潮的“大人游乐场”。

而且，主厨烹饪的芝士汉堡出乎意料地好吃。

“鹈泽师傅的芝士汉堡绝了是不是？”

“好吃！”

“不管心情差成什么样，好吃的东西还是好吃。**只要吃好睡好，心态能摆正，那么大部分事情都会搞定的。这世上大部分事情啊，都是只要你还有一腔热情在，就早晚会有实现的那一天。**”

“谢谢你啊，安斎前辈，我的心情稍微好点儿了。”

“哈哈哈，你该感谢的人是鹈泽师傅啦！”

“那……那个，谢谢您的汉堡，真的很棒！”

“你是安斎的后辈？哎呀，怎么感觉跟安斎第一次来我们店的时候很像啊！”

“欸？是吗？松村君像当时的我？”

“感觉对自己的人生不是很满意，但内心又燃着一把火。”

“鹈泽师傅，你这像是算命先生说的话啊。”

“快叫我新宿之父吧！哈哈哈哈！”

这位叫鹈泽的主厨师傅，冷笑话讲得虽然一点儿也不好笑，但他说的“对自己的人生不是很满意”分毫不差地戳中了我的内心。

“松村君，你现在明白我为什么那么说了吧？你看，就连今天第一次见你的人都说你的脸色不好，感觉像是被一团乌云困住了一样。**如果你在接下来的工作面试中也是这副表情的话，那对方很难对你有好印象哟！如果整个人很阴沉，看上去没什么自**

信，面试官对你的评价也不会很好。所以啊，你首先得调整自己的情绪，最好把这个当作换工作的一项准备工作。”

“调整自己的情绪？”

“没错。好比说我吧，要是心情不好，我就会去健身房，在泳池里游个痛快。潜在水里游来游去的过程中，我会逐渐理清思绪。暴汗一场会让整个人都变得清醒。之后再蒸个桑拿，来这里喝一杯冰啤，心情就会变好了。这就是我‘取悦自己’的方法，自己取悦自己。如果你在这方面做得很好的话，那你的情绪就会逐渐稳定下来，肯定的。”

雨滴滴落在店铺的玻璃上，我从玻璃上看到了自己的脸，的确很狼狈。

换工作的黄金锦囊 15

首先让自己保持积极的心态

在现在的工作中，我有过几次当面试官的经历，偶尔会碰到来面试的人满脸无光。

当问到对方的离职原因时，也会听到稍显消极的回答：“现在的工作不合适，想换一份不一样的工作。”

离职原因并不一定都是正面的、积极的。

“对现在的公司倒也没什么不满意的，但如果有其他更好的机会，还是想扩宽自己的职业道路。”比起这些正向的答案，其实更多人在回答为什么离职时讲出了心声——更偏消极的答案：“已经无法忍受和上司的相处了”“工作事务太繁重，已经做不下去了”，等等。

如果不是因为对现在的公司有太多的不满，可能大家也不会考虑换工作吧。

所以，我觉得说出真实的原因也未尝不可。

有几次，我自己换工作的原因也是比较负面的。

就是想“逃离”当时的处境。

我觉得选择离开是当时的自己真实需要的，即便到现在，我也还是这么想的。所以，逃跑也无所谓。不管周遭有什么声音，别去在意就是了，毕竟这是你自己的人生。

只不过，可不要将这些负面情绪带到面试现场。

如果面试的时候一个劲儿地吐槽“现在的公司如何不好”，把自己的处境都怪到周围的环境上，那基本是拿不到OFFER的。

所以，在面试之前，先把自己的情绪调整到正面的、积极的，再去回应面试中的所有提问，这对于接下来有可能会录用你的公司来说是基本的礼仪。

拿到OFFER的“最终武器”

新宿三丁目。

在“深潜”酒吧＆咖啡里，我和安斋前辈坐在吧台前。

“谢谢你啊，我的心情稍微好点儿了。你说得没错，我喜欢看书，今天去书店其实是想分散一下注意力的，但好像并不太行得通。还得像你说的那样，要理清思绪，调整心态。”

“那你到底在烦什么啊？”

“在烦换工作的事情。”

“不用问都知道你在烦这个啦！（笑）”

“是吧，哈哈哈……其实，我已经给10来家公司投了简历，收到了其中4家的面试邀约，但全部败在了第一轮面试上。我身上好像没有其他公司想要的‘市场价值’。自己明明没什么值得骄傲的成绩和能力，就只是想逃离POPAI，我都讨厌这样的自己了。”

“逃跑并不可耻。我跟你一起在POPAI工作的那段时间，完全无法融入POPAI和APAC营业课，你看得出来吧？所以，我换工作的真实想法就是‘POPAI的公司氛围不适合我’，我想换个完全不一样的环境。

“也就是说，我想逃离POPAI，所以才换工作的。选择逃走也没问题啊，这也是一个不错的‘换工作理由’。”

“选择逃走也没问题……那该逃去哪里呢？如果连目标都还没明确的话，也没办法‘一走了之’吧？”

“说得没错。如果无处可逃的话，那的确是想走也走不了。要想斩获OFFER，还是得具备‘人才魅力’才行啊。”

“安斋前辈，那你当初换工作面试的时候，是怎么介绍自己的呢？POPAI海外营业部的工作基本都是打杂，我觉得不论怎么修饰都无法将其说成强大的‘武器’吧？”

“松村君，你知道吗？**大部分人在换工作的时候都是败在这里的。**换工作的确是争取自己想做的工作的一种手段，也是实现自己人生梦想的一种方式。

“但是，如果你只顾着什么是自己的强项、如何推销自己的话，那的确很容易失败。什么是可以成为卖点的强项，如何让自己过往的履历看起来充满魅力，这些问题都是其次的。你首先得考虑清楚的，是对方想要什么。”

这个观点和之前深田前辈、椎名学姐说的话不谋而合。

我要认真思考的不是自己，而是对方。

“换工作其实就是营销。说白了，就是把自己这件商品销售出去。我们在营销工作中会通过商业洽谈向对方介绍商品的亮点和功能，从而令对方产生想要购买的欲望。换工作也是一样的，你得让对方充分觉得‘一定要聘用这个人才’‘这个人才会让我们公司变得更好’，要站在对方的视角来销售**自己作为人才的可能性。**

“只要把这个销售工作做好了，那你肯定能拿到OFFER。而且啊，如果你能把自己高价卖出的话，薪资也会大幅上涨的。这就是换工作的基本原则。”

“换工作是……营销。”

“没错。松村君，我问你啊，你觉得对销售来说最重要的是什么？”

“逼单，还有交涉手段？”

“错。给你零分。”

安斋前辈在这一刻意外地严肃。

“那是个人的人格魅力？”

“这很重要，但不是最重要的。”

“那是获取信任的能力？”

“怎么获取呢？”

“嗯……比如说守约之类的？”

“不算错。不过，严格来说应该是**‘满足对方的预期’。更准确点儿说，是‘超越对方的期望值’**。”

“超越……对方的……期望值？”

“是的。对于销售来说，最重要的就是‘超越对方的期望值’。换工作也完全是同理。你明白我的意思吗？”

“大致能明白。但这不是只有那些有实力的优秀人才才能做到的吗？我现在去应聘的企业都是TKG行业中与POPAI处于竞争关系的同级外企，或者打算发展国际业务的日系中坚企业。

“虽然我很想涨薪，但是我没什么不得了的成绩和实力。你刚说的‘超越对方的期望值’，我是万万做不到的。恐怕我连‘满足对方的预期’都差得远，所以才屡屡面试失败吧。”

“松村君，你听我说，企业之间同样也存在竞争关系。你得让应聘公司觉得绝对不能把你这个人才拱手让给其他公司，这样企业为了留住你这个不可错过的人才就会提供高薪。”

“安斋前辈，你有听我说话吗？松村辉这个‘人才’完全没有‘超越对方的期望值’的能力和强项。我身上一点儿‘市场价值’也没有。”

我说着说着竟觉得有些悲凉。

我为什么要对着一位已经离职的前辈，拼命地强调自己的能力不足呢？明明刚才他还跟我说要调整情绪，可我现在越来越失落了。

“安斋前辈，你到底在说些什么啊？”

“可能是吧，我也并不觉得POPAI海外营业部的员工身上有‘市场价值’。”

“对吧！那像我这样一毕业就进了POPAI，且只在这一家公司待过，眼看就快30岁的纯POPAI人，换工作是完全没戏的，对吧？我还想着提升职业发展呢，看来这辈子都不用指望了。”

“不，你可以的。”

“可以？怎么可以？你别骗我了！我身上根本没有‘市场价值’。**再在POPAI待下去，也还是打打杂、应付社内应酬，丝毫积攒不到能成为‘市场价值’的经验，所以我才想早点儿换工作的。但是，没有‘市场价值’，根本就没有公司会要我。我的职业道路已经被堵死了。**

“可我又不想继续在POPAI做下去了，所以我真的不知道以后要怎么办。你说我到底该怎么办啊？安斋前辈！”

我知道我在无理取闹。

我对安斋前辈发脾气也解决不了任何问题。

没什么“市场价值”的我，职业生涯已经走投无路了吧？

一想到这些，我内心燃烧的一团火真不知道该往哪里撒。

“你放心，松村君，你肯定换得了工作，只要你还有‘不甘心’。不过，这股劲儿不要用于在这里吐苦水，你得把它转换成正能量，在面试的时候一股脑儿地撒出来。”

“放心？放什么心？我说了，‘市场价值’跟我没有……”

“我刚刚说什么来着，你要销售**自己作为人才的可能性**。不是当下的你，也不是过去的你，而是未来的你成为人才的可能性。如果当下的你没有‘市场价值’，那就去销售你的‘未来价值’。”

“未来价值？你的意思是说，让我吹嘘一番虽然现在没有，但只要我认真干，未来就能有的价值？这种鬼话，谁会信啊？”

“那你觉得怎样才能让它听起来不像虚张声势，令人信服呢？”

“我不知道。”

“今天是个例外，让我来告诉你吧。我曾经也是POPAI的员工，所以很懂你的苦衷。你听好了，如果你没有‘市场价值’的话，那就要创造‘附加价值’。”

“附加价值？”

“这世上有大把成功换工作的人，你真的觉得他们都有明显的‘市场价值’吗？其实，大部分人都是没有的。即便如此，他们依旧可以成功换工作。”

“……”

这是真的吗？如果人没有市场价值，怎么会换得了工作呢？

怎么才能拥有附加价值呢？

我半信半疑，继续听安斎前辈讲话。

“打个比方，你刚刚说面试时会遇到其他候选人，这就是岗位的竞争。有时候可能只有两三个竞争对手，但如果是热门企业招聘的话，可能就会有20多个竞争对手。如果竞争对手中有明显比你优秀的人，那你怎样才能取胜？对方的学历和证书都比你的好，而且对方年长，经验多过你，工作能力也超过你的，在这种情况下，你觉得什么样的武器能帮你突出重围？”

“欸？这赢不了吧？根本就无解吧？”

“有一个方法，可以让你赢过远比你优秀的人。

“这个方法我只讲一次，你要听仔细了。我们假设一个情景，比如说，你想进入食品行业，准备去一家夹馅面包的厂家面试，就是便利店、超市会卖的那种150~200日元的炒面面包、烤肠面包。你打算在面试前做哪些准备工作？”

“先去这家公司的主页看一下他们近几年的销售业绩，了解一下这家公司这几年的策略方向，然后查一些食品行业的新闻，看看行业研究的相关书籍，差不多就这些吧？”

“你觉得做好这些准备就可以赢过那些各方面都比你优秀的竞争对手吗？”

“赢不了。”

“如果是我的话，我会把能找到的所有面包都吃个遍，所有种类的哟。一日三餐全部吃面包，把这个世界上叫作面包的东西吃个遍，就当自己是面包超人。”

这个人到底在说些什么？

他是在搞笑吗?

“这一步至关重要，**你要亲身体验一下你要参加其面试的企业的产品或者服务。只要做到这一点，你的面试结果就会大不相同。**当然，不能只是浅尝辄止。不是单单只吃你要参加其面试的那家厂家的全品类面包，还得把竞品面包、便利店的自营品牌都尝个遍。

“就当自己是个面包狂热爱好者。还要去汉堡店、咖啡连锁店，去吃遍他们卖的面包、三明治。哦，还不止这些，还要去车站里的烘焙店，去试试时下流行的高级吐司。这样你就会比其他人更了解面包，看到的东西自然也会更多。”

“看到更多的东西?具体是指……”

“没错。比如，有格调的咖啡店的三明治售价为450日元，但量只有一点儿；午饭时间去烘焙店的人一般会买沙拉搭配面包，他们觉得刚烤出来的面包最好吃；在便利店买面包的人会比较赶时间，一般会搭配一杯咖啡，买完就匆匆回办公室了，他们觉得这样很方便；便利店因为也卖三明治，所以夹馅面包的价格一直提不上去；哦，对了，便利店原来不仅卖肉包子，居然还卖咖喱面包，以前都不知道这些呢。你应该会有很多诸如此类的新奇发现。

“接下来，把目光放得再长远一些。面包厂家的各个竞争对手都有什么样的经营策略?各大便利店的自营品牌，以及各个咖啡店、快餐店各自有什么优势?午餐市场的开拓现状如何?消费者倾向于在早餐还是午餐时选择吃夹馅面包?时下卖得最火爆的是哪款面包?你每天吃着面包，脑子要拼命去思考这些问题。这样你才能在面试的时候把自己对面包行业的想法娓娓道来，从行业分析、竞品分析、企业分析等各个角度展开。”

“这……这些我的确没有想过。可能也就想过试吃一两个吧，但绝没有想到像你这么深刻。”

“我接下来要说的才是重点。面包的竞品只有面包吗？不，还有饭团，所以饭团也可以都吃一遍。还有站着吃的荞麦面，这也是没时间吃午饭时的一种选择。哦，对了，别忘了牛肉盖饭。顺着这个思路想下去，你会发现企业的竞争对手数不胜数。

“然后，你还可以继续思考。早饭或者午饭放弃其他选项而选择夹馅面包的都是什么样的人？他们是出于什么理由做了这个选择？其中，哪个厂家的面包最畅销？为什么会畅销？是因为好吃，还是因为便宜？那种风格的面包今后会继续火爆下去吗？当吃了几十、上百种面包后，你就可以感受到各家的强项，以及即将面试你的那个厂家的不足之处，还有它应该怎样改进、未来如何发展，等等，这些你都可以在面试的时候讲出来。”

“感觉有点儿丧心病狂了。”

“没关系的。那家企业的面试官可太懂面包了，他可是业内人士啊。而且，面试的时候反馈的意见就算错了也没关系。这是你花时间和精力努力思考出来的结果，你只要向面试官表达你的想法就足够了。可能有些人会说：‘我平时也一直吃面包的，所以没必要吃几十个也能产生一些想法。’

“但是，每周只吃一两个面包的人，和过去3周内一口气吃了200个面包的人，思考的深度是完全不一样的。后者甚至会留意到包装的差异、价格的不同、口味和大小的区别，还有产品开发的趋势、倾向等，这些都是浅尝辄止的人留意不到的。如果你在面试的时候聊这些的话，面试官肯定会被你打动吧。现在大多数人都是同时参加好几家公司的面试，这还是第一轮面试，恐怕没有人比你准备得更周全了。”

“有道理啊，其他人大都是看看公司主页，做一下基本了解就去参加面试了，而有一个人不仅对面包如此了解，还留意到只有业内人士才会关注的点，还能从局外人的消费者视角来分析这家公司，相信面试官一定会很感兴趣的。”

“你来选选看啊。候选人之一不仅学历高且持有很难考到的证书，但就连应聘公司的招牌产品，他都没怎么研究过。对于一些无关紧要的问题，他倒是能对答如流，人也很聪明。只不过他对食品行业、面包行业是否真的感兴趣，就不好说了。

“而另一位候选人的学历、证书、资历都不如前一位的。但不知怎的，他对面包行业出乎意料地熟悉。他尝遍了各个夹馅面包厂家的招牌产品和新产品，还做了很细致的分析。搞不好，他比公司里的年轻员工都更熟悉面包。甚至连3天前才刚上市的其他公司的面包，他都吃了个遍，还能自己汇总研究成果——那些新产品连面试官都还没吃过呢。松村君，我问你，这两位候选人，你觉得谁会入选？”

“应该是后者吧。”

“是吧。虽然不能说是100%，但大概率就是后者了。这就是在面试的时候碰到比自己优秀很多的竞争者时的取胜方法。

“之所以说这样会赢，是因为这样的候选人不是在关注自己，也不是在关注其他竞争对手，而是对应聘企业和行业的未来有过

很透彻的思考。他的目光之长远，和业内做了很久的人不相上下。几乎没人会在面试前做这么详尽的准备。所以说，这样就能超越对方的期望值了。”

我惊讶地忘了呼吸。

原来是有方法的。

可以把自己作为人才销售出去，创造独属于自己的“附加价值”。

“这招可以一举拿下面试官，是面试的‘最终武器’。你可不能告诉别人哟！我打算将来把它写成书，以商业书作家的身份出道呢。”

也不知道他的话有几分真几分假，但他那番话确实打动了我。

原来这就是一招制胜的“最终武器”。

换工作的黄金锦囊 16

换工作过程中很少有人试过的必胜大法

能在所有的比赛中弥补“实力悬殊”和“经验差距”，并出奇制胜的方法主要有两个：

必胜法①　留意别人都忽略的点，并重点突破。

必胜法②　在别人付出5分努力的时候，自己付出500分。

简单来说，就是去做“别人没做的事情”。

一个在网上卖衣服的网站“ZOZO TOWN”就是把别人都没做的事情认真、踏实地坚持下去，才获得了成功。

可能大家或多或少都做过尝试，但最后估计都觉得“下单前无法试穿，所以衣服在网上很难卖得出去”就放弃了，而ZOZO拼尽全力坚持到了最后。所以，亚马逊、乐天、优衣库这些大企业没做到的事情，由一个小企业ZOZO率先实现了。

“别人没做的事情”肯定有没做的理由。

因为要参加夹馅面包厂商的面试，所以从面试前好几个星期就开始一日三餐只吃面包，恐怕没人会这样。

因为要去面试的公司肯定不止这一家，而且如果在第一轮面试时就被刷掉，那这样做就白费工夫了。更何况，也没那么多闲工夫去做那么麻烦的事前准备。

正是因为大家都这么想，所以“别人都没做”。如果候选人里有一个人扑心扑肝攻破了这一点，那么在这一点上他就能赢过其他人。

正因为是别人都没做的事情，它才有机会成为你独特的“附加价值”。

其实，只要下定决心去做，也不会很难的。

这一招能完全弥补履历、学历、实力的不足，在换工作的时候作为“最终武器”一招制胜。

这个方法很简单，只要拼尽全力去做，就必定会有好结果。这是个可复制性极高的必胜法。

我自己就是用这个方法突破了好几次有难度的面试。

我之所以说这个方法会奏效，是因为面试官说到底也是人。

技能和技巧是无法打动人心的，只有极高的热忱和诚意才能最终俘获人心。

在你的职业生涯终结之前

安斋前辈继续说道："用面包来举例是相对好懂的。不过，实际上这个方法不论在什么行业、什么公司都一样适用。对于打算去面试的企业，一定要先亲自体验下他们所提供的商品或者服务，还有其竞品、相似品。除此之外，还要对行业和公司有深刻的理解，有自己独到的见解后再去面试。

"如果是去耳机厂家面试，那就去测试几十种耳机、麦克风；如果是去出版社，那就读上几百本杂志和书刊，再去几十家书店、图书馆看看，把能去的地方都跑个遍；如果是去旅行社呢，就自己买一份他们家的旅游服务体验一下；如果是汽车或者房产这些不好体验的高价产品，就去展厅看看。"

"但如果是零件厂商、原料厂商，或者通信服务商这些做B2B贸易的公司，该怎么办呢？"

"这种情况的话，可以去调查一下他们的下游行业，或者与其有深度关联的行业，甚至包括一些使用其产品、服务的主要客户。不能因为是B2B贸易，就轻易放弃做调研。如果你想做面试前的准备，方法肯定是有的。

"还有，可别觉得这些工夫会白费。别人觉得浪费时间不去做的事情，你精心做好了，就可以'超越对方的期望值'。而且，调研的过程中，你可能会发现以前完全不感兴趣的东西，其实也挺有意思的。

“回到刚才的例子，如果你想进夹馅面包厂家，结果只吃了两三个星期的面包你就厌倦了，也可以说明你不适合那份工作。做好事前调研，还可以帮助你了解自己，可以说是一举两得。”

“是的呢，的确会有这种情况。”

“这下你明白了吧？企业调研、行业调研，如果只是随便做做的话，那你去十几二十家公司也还是面试不上。但如果做到我说的这么彻底的程度，你只要面试两三家就肯定能拿到一份OFFER。

“正是因为这个原因，所以最好不要同时参加多家公司的面试，而要集中精力攻略其中一家，把其情况琢磨透彻。如果同时参加多家公司的面试，那你做面试准备的时间就会很分散，导致准备工作做得不够彻底。只有每天都思考与行业、商品相关的问题，才能逐渐养成‘业内人思维’。

“这样一来，当你在面试中回答问题的时候，面试官会认为你是‘同行’，自然就能想象日后和你共事的场景，进而得出‘你没问题’的结论。”

原来如此，这和椎名学姐的言论不谋而合。她曾说过，参加第一轮面试的时候要让“未来的上司”得出“这个人的工作能力完全能胜任相关工作，肯定能给公司做贡献”的评价。

“某种程度上说，这条路既艰辛又严苛，但只要有心就能做得到。你需要付出的只是时间和精力罢了。

“但为什么这个‘人人都能做到’的方法有机会成为‘最终

武器’呢？就是因为‘人人能做’却‘无人去做’。

“大家都想轻轻松松地拿OFFER。不想花几十个小时做面试准备，或者说大家都觉得这样做不现实。眼前的工作已经很令人疲惫了，还要把工作日的晚上和周末这些用于自己的兴趣爱好、陪伴家人的时间都搭进去做事前调研，大家都不想浪费时间在这么无聊的事情上。**但是，还是得做啊，必须得做。**只**有做了别人没做的事情，你才有机会比别人更努力，创造自己的‘附加价值’。**”

“明白，换句话说就是，要比别人多花100倍以上的时间去做面试准备。虽然过程很艰辛，但是只要用心去做，任何人都有机会做得到。”

“当然，还有个大前提条件，就是你先得匹配上企业方要求的必要条件才行。不要花了大把时间去准备，结果企业要的是硕士学历，而你只有高中学历，那肯定是拿不到OFFER的。只有在自己的能力和资历都与招聘要求匹配的情况下，花时间和精力去做足事前准备才有意义。

“松村君，像你的话，如果满足招聘方的所有‘必要条件’，但不具备‘加分条件’，那么用这种方法肯定可以拿到OFFER。

“只不过，我还要叮嘱你一点，不要同时做其他事情，只用你剩余的精力和时间量力做面试准备。一定要全身心投入进去，做到极致才行。如果不这么做的话，也不可能‘超越对方的期望值’。”

“安斎前辈，谢谢你的建议。我觉得我又能行了。你说的这些我都认同，但自己的确没想这么深入，这个方法估计也是大家都没实践过的。我想它的效果一定非常好。毕竟你已经用这个‘最终武器’在各种不利的局面下成功换了两次工作。”

“其中一家是POPAI，结果我只做了一年就辞职了，所以能不能称得上‘成功’，我也好不说。总之，这样做是可以拿到OFFER的。这个方法能让你在换工作的竞争中取得胜利。只要你拼命努力，它的可复制性还是很高的。”

原来方法是存在的。

哪怕自己的“市场价值”不够，也可以在面试的时候让自己的“价值”爆发出来。看来，这的确是“最终武器”。

如果有一个应聘者对公司产品的特点、业内的各种情况都十分了解，比其他候选人多花100倍的时间做事前调查，那这个人一定能打动面试官——虽然这个候选人在工作能力上稍显逊色，但仍不禁想向他递出橄榄枝。

“松村君，所以说，重要的不是以自己的视角向人推销自己，而是要完全站在对方的立场讲对方的事情。从结果上来说，这就是一种推销自己的方式。**你所做的事情，不是在按照自己的意愿做，而是要按照对方的需求做才行。这一点在跳槽、工作、商业中都是同理的。**”

“也就是说，不仅仅是换工作，平时工作的本质也是这么回事，是吗？”

“是的。打个比方啊，我们平时把工作上取得的成绩叫作‘PERFORMANCE’（业绩、成绩、能力）。你知道‘PERFORMANCE’的词源是什么吗？”

“‘PERFORMANCE’的词源……是‘PERFORM’吧？

‘表演’？”

“没错。‘PERFORMANCE’的词源是‘PERFORM’，也就是戏剧中或者舞台上的表演，还有‘LIVE PERFORMANCE’和‘STAGE PERFORMANCE’这些搭配。商业中的‘PERFORMANCE’也是同理。**为什么这么说呢？因为工作就是演绎好自己的‘职责’。**”

“你的意思是说，工作和舞台表演、戏剧一样，都要演绎‘角色’，是吗？”

“是的，也可以说是‘发挥作用’。比如，我现在的职位是产品策划，我的工作就是策划不输给其他竞争对手的产品，牵头组织设计研发，让产品能够顺利上市销售，并赚到钱。我演绎的就是‘产品策划负责人’这个‘角色’。

“如果我做的事情只是出于我的个人意愿，那仅仅是兴趣罢了。所以，我并不是把我喜欢的随便什么产品做出来，而是根据我的职责所需，超预期地完成任务，演绎我被分配的‘角色’。这就是工作。”

“你的意思是，工作不是做自己想做的事情，而是履行自己应尽的义务吗？那这样的话，不就没有价值了吗？”

“你不想自己的努力付出只是为了遵循别人的指令吧？比如我们小学参加文艺表演的时候，如果被安排去演‘树’啊、‘村民甲’之类的角色，就不想好好演。”

“……”

“不过，也有同学喜欢这些角色，毕竟每个人都有自己的想法。重要的是自己想好了再去选，不管你是演‘王子’还是‘公主’，是‘大魔王’还是‘村民甲乙丙’。

“换工作呢，其实就是在做选择，选择自己可以演绎的‘角色’，选自己能够发光的‘舞台’。而选择的标准如果是‘你想演的角色’和‘你想站上的舞台’，那就是一场观众只有自己的表演。所以，我们应该演绎‘自己比其他人演得好的角色’，站在‘能让自己发光发亮的舞台’上。

“这两者听起来很像，但完全不是一个概念。戏剧是有观众的，你的工作就是调动现场的氛围，所以必须超过观众的预期才行。有些角色不论你多想演，但如果没能力演好的话，就别贸然硬上。

“所以，你得找到适合自己的‘舞台’。用你的能力征服现场的评审团，超过他们对你的角色的预期，证明你是个人才。这就是我们刚才所说的‘最终武器’。”

“工作就是‘演绎角色’‘发挥作用’。所以，重点是超预期地完成‘角色’的职责，对吧？那我能找到适合自己的‘舞台’，演好自己的‘角色’吗？”

“可以的，你肯定没问题的。如果**自己所立足的‘舞台’是由自己挑选的，那么你的职业生涯就不会依附于公司，而是完完全全属于你自己的。**

“我也是换了两次工作才有现在的心得体会。我毕业之后去了一家公司，26岁时被老板调去中国上海工作，但我自己其实是不想去的。我至今都觉得那是我工作里的一次失败经历。当时我想从中解脱出来，所以就去了其实不怎么感兴趣的POPAI，毕竟那是唯一给我发OFFER的公司——这个决策也是完全错误的。上海也好，POPAI也好，都不是能让我发光发亮的‘舞台’。

“这两者都不是我深思熟虑后的选择，怪我当时内心太脆弱。不过，虽然是失败的经历，但我并不后悔，因为那都是我自己的选择。

“对当时的我来说，那就是我‘深信不疑的判断’。更何况，‘舞台’是可以一直‘重新选’的，只要你的职业生涯还没结束。”

“直到今天和前辈见面之前，我一直觉得自己的职业生涯已经完蛋了。哦，不对，其实我现在也还是这么觉得的。POPAI这个公司只会让员工打打杂、搞搞社内应酬，平时的工作方法也不适用于其他公司，员工无法积攒任何个人价值，**所以我觉得我的职业生涯已经完了。**”

“嗯，你说得没错。那也是我从POPAI离职的最主要原因，再那么待下去的话，我的职业生涯就毁了。

“我当时觉得，如果只是服从上司的命令、公司的轮岗安排，完全不思考自己的‘舞台’和‘角色’的话，那就只能演‘公司让你演的角色’，演到最后也就是个跑龙套的。

“那样的话，职业生涯也就结束了吧。如果在一个观众也没有的舞台上演谁都能演的‘角色’，没人关注，也没有追光灯，那这个‘演员’的存在恐怕没有任何意义了吧。”

我不禁咽了一口唾沫。

这真是个恐怖故事。

“松村君，你的职业生涯现在还没结束，但如果你继续在POPAI待个几年、几十年，那就可能会慢慢结束吧。别把自己的人生托付给公司，去按照自己的想法生活吧。

“换工作能让你实现这个愿望。不要把自己挂在公司这棵树上，当你能选择自己该走的道路时，你的人生就会瞬息万变。换工作就是改变人生的方法之一。自己的职业道路是要靠自己去铺的，靠不了别人，只能靠自己。

“趁着你的职业道路走进死胡同之前。”

趁着走进死胡同之前……

“安斋前辈，谢谢你啦。我不会再逃避了，也不会再害怕了。更不会再苛责和小看自己了。我要遵循自己的想法，找到适合我的‘舞台’，并且拿下它！”

“我支持你！”

“下次再来这家酒吧的时候，还有机会碰到你吗？换工作的事情，我还能再请教你吗？”

“当然可以！不过，我说过的，自己的路要自己选。我可以教你怎么换工作，也可以教你怎么面试。但是，你该走哪条路，我可不知道。以后不许再问我‘该怎么办’了。”

“好的！”

等我回过神来，才发现雨已经停了。

新宿的街头吹过一股清透的风，让人头脑清醒。

松村仿佛变了一个人，和他刚进店里时截然不同，他抬头看天空的脸上写满了希望。

被倾盆大雨洗刷过的夜空格外透亮，闪烁在新宿街头的霓虹灯仿佛在祝福他今后的旅途越来越顺。

是谁扼杀了你的职业发展？

你现在工作得开心吗？

如果每天只是按部就班地根据指示完成“被公司分配的任务”，那应该不会在工作里感受到乐趣和价值吧。

我当然也知道很多人不需要乐趣和价值，他们觉得“只要能赚到钱就行”“只要公司安稳，不用加班，能准时回家，工作无聊也无所谓”。

我之前所在公司的很多同事都有这种想法。

他们说“工作无聊得要死，但是我可以忍”的时候，并不是说他们自己要死了，但他们的职业生涯大概已经濒临死期。

社会上有两种人，一种是“很多公司都觉得不可或缺的优秀人才”，还有一种是“每家公司都不太想要的废材”。

本章节介绍的秘密的“最终武器”，可以让一些实力不太被看好的人扭转局面，赢得认可。

但是，要想“最终武器”生效，是有条件的，因为它是为了让你在面试的时候瞬间爆发自己的潜力价值。

如果你的资质原本就不行，也就是说“职业生涯已经结束”的话，那这个武器也发挥不了效力。

为了避免出现这种局面，大家一定不要把自己的职业生涯托付给公司或者别人，而要自己认真思考，并找到“能够生存下去的环境”。

扼杀职业发展的是“停止思考的你自己”。

第5章

当你长出翅膀，飞出绝境之地

表里不一的“白名单企业”

“松村！PPT呢？做了多少了？”

10月中旬的气温已经有些让人起鸡皮疙瘩了。

在POPAI的办公室里，我又被植野系长骂了。

“我看看，做完24页了。”

“什么？！一半都没做完！！你这家伙有在认真做事吗？课长明天早上可是要检查的啊！！”

“好的，我今天之内会做完的。”

“你最近在偷懒吧？每个月找各种理由请好几次假！你觉得这是企业战士该有的态度吗？还一点儿也不加班。你稍微学习一下吉田和加藤吧！其他像你一样的年轻员工，这个月可是加了50多个小时的班！！真是的！”

“……加班，很了不起吗？”

“哈？！你在说什么？！当然了不起啊！大家每天在公司待到很晚，努力工作，难道不伟大吗？”

“但是，这个资料最后也不怎么会被用到吧？”

我一不小心说出了实话。

“什么？你是觉得营业课的方针有问题咯？”

“没有，我不是这个意思。”

“那你是什么意思，松村？”

“我想做有意义的工作。这份资料每个月都大同小异，交上去之后也几乎没人看。上个月也是，没人给出任何点评。”

“这不是很好吗？！前原部长和明石本部长都没有提出‘批评意见’。我们顺利做完资料，在点评会上没被挑刺，这就是天下大吉了。如果要追加提交详细数据，做补充资料，解决遗留课题，那才是麻烦事呢！”

“但是……这样一来，工作不就变成完全是为了‘顺利开会’而做的吗？我们这么拼命地加班，调整PPT的格式和排版，做好几十页的资料，而这些和改善客户服务一点儿关系都没有的话……”

“哈？你这是什么‘自我感觉良好’的发言？！推特看多了吧？跟我玩这招‘重点在结尾’？你脑子坏了吧？改善服务？改什么改？POPAI是个大企业，我们的工作不会直接关系到那些买东西的人的体验和满足感。我们可是总部的人啊！和一线基层的那些人可不一样。至于怎么应付买东西的人，交给分店的窗口人员就好了！”

我非常讨厌公司里的前辈使用“买东西的人”这个词。

POPAI是行业内的大企业，说白了就是靠品牌效益做霸王生意，顾客爱买不买。POPAI员工对供应商、经销商和代理店的态度都是居高临下的，根本没把对方当作商业合作伙伴来看待。

“买东西的人”这种叫法太不礼貌了，至少应该叫“客人”或者“顾客”吧，不然我们有什么资格自称“销售”？

不对，实际上我们的确没资格，我们每天的工作明显和“销售”没什么关系。我们每天只是在做大量的社内资料、整理文件、往系统里录入数据这些杂活儿罢了。

就是摆出一副“在工作”的样子而已。

加班很伟大，工作到很晚就是了不起，做几十上百页的PPT就是不得了。而那些PPT里即便没什么实质内容也无所谓，即便对客户没用也没关系，“只要不被管理层指出问题”就行了。

我想到了之前金田说的话：这家公司没有要为了什么，也没什么特别的目标。

创建于昭和时代，仰仗着“古老而美好的POPAI”的品牌效益，这些年POPAI一直在吃过去的红利，产品勉强卖得动。而员工们则日复一日地做着毫无意义的内部资料，在酒局、球局等应酬里竭尽所能地向上司献媚，谋求上位的机会。

每天这样过下去，到头来迎来的却是要靠“大规模裁员”和“业务出售”来固本经营的局面，这堪称创始以来最难度过的经营关卡。

这就是我从前打心眼儿里憧憬的名牌企业POPAI的真实状态。被外界认为是良心企业的POPAI，实际上骨子里已经被“黑心”侵蚀，整个烂透了。也许这就是所谓的“大企业病”吧。

一直在这里待下去的话，我的职业生涯就彻底完蛋了。

“植野系长，我知道了。我今天一定会提交PPT资料的。不过，我今天有私事，到点我就会下班的。”

“哈？？你到底有没有在听我说话？你完全没有企业战士的觉悟！你这家伙到底有什么不满意的？你不觉得作为POPAI的一员很幸福吗？这里待遇又好，还能一生平稳地干到退休。名片一递出去又有面子又威风，架子随便你摆。我们是和公司相亲相爱的POPAI人啊！你别叽叽歪歪地瞎抱怨了，赶紧闭嘴干活儿！你这种小年轻的意见，根本没人想听！”

“好的，那个，虽然我听不懂您在说什么，不过PPT资料我会认真做完交给您的。”

咳，植野系长还是老样子啊。

什么POPAI人，去他的！

我今天无论如何都要准时下班，我有必须做的事情。

我要去面试。

这次是一家外企，叫“纯真熊猫·日本”株式会社。它的总部在美国波士顿，在TKG行业小有名气，我要去面试的这家公司是“纯真熊猫”在日本的法人公司，大概有200名员工。在日本境内，除了东京，它在大阪也设立了分部。作为外企来说，规模还不错。

前几天的第一轮面试我已经顺利过关了。

今天我将迎来最后一轮面试。

我已经完全无法忍受继续和说着“你完全没有企业战士的觉悟”“作为POPAI的一员很幸福”的同事们一起共事了。

到底什么是“一生平稳”？

企业使用大规模裁员和业务出售的手段来削减员工数量，而员工们为了免遭企业抛弃，为了明哲保身，就拼命地巴结管理层。

为了能得到董事会管理层的关照，大家选择在社内会议和酒局上大肆献媚。

这些居然能被定义为“幸福”？

我不会再逃避了，也不会再弄错“优先顺序”。

这是个人的优先顺序和选择的问题。

说白了，这群员工就像是POPAI的“奴隶”，其实并非公司强逼他们那么做的，而是他们自己选择了服从公司的规则。

害怕顶撞上司会被骂，害怕被穿小鞋，被安排去做一些不正常的工作。

害怕被丢进“劝退室”，害怕被裁员。

这完全就是“社畜”的脑回路。

我不想变成“社畜”。

我不想被POPAI同化。

POPAI的公司文化，我无法认同。

这是不争的事实。

我已经决定，要结束POPAI人的身份。

我再也不会逃避了。

我要凭借自己的能力，去选择能让自己发光发亮的“舞台”。

“白名单企业”有哪些条件？

“白名单企业”的定义是什么呢？

只要是大型名企，薪资高出市场平均水平，福利待遇很好，就能叫作“白名单企业”？我并不这么认为。

从根本上来说，评价一家企业是“白”还是“黑”，本身就是个人的主观判断。

不论是什么样的黑名单企业，一定都有在里面做了很多年还很有干劲儿的员工。至少对那些员工来说，他们并不觉得公司是黑名单企业。

如果100名员工中每个人都认为公司不行，全员辞职的话，那这家公司也不会存在了吧？现实中之所以没有这种情况，是因为还有员工认为公司并没有那么糟糕（起码没有糟糕到他们想离开的地步）。

也就是说，判断一家企业是否是“白名单企业”，要看当事人自己如何理解和看待。这就和判定“年收入500万日元”是高还是低一样，每个人的价值观都不一样，判断结果也会不一样。

有些人会觉得，即便多少存在些职权骚扰，但只要每个月都在按时发工资，也有年假可以休，这样的公司就是好公司。也有些人认为，只要有一点点瑕疵，就是坏公司。

这就是甲之蜜糖乙之砒霜了。

正因为如此，我们在考量长期的职业发展时，就要努力找到“适合自己的公司”。大部分公司都无法用好与坏一言以蔽之，只有适不适合自己的分别。

虽然判断一家公司是否适合自己是有难度的，但也不是完全没有方法。方法之一是，如果在入职前还有一些要紧的担心事项，那在回签OFFER之前，看能否麻烦公司帮忙安排一次和未来同事的面谈。

当然，大部分公司不会答应这种不包含在考核环节内的“个人请求”，但如果你在面试中获得了极高的评价，公司认为你是“一定要录用的人才”，应该也可以帮忙安排和少数员工的面谈。

另外，从现实角度来讲，你也可以充分借助人才机构来帮忙确定“某企业对自己来说是否属于白名单企业”。反正就灵活处理吧！

最后一战

最后一轮面试终于来了。

参加第一轮面试时，我能明确感觉到结果应该不坏，很明显和之前都不太一样。

第一轮面试之前的两个星期，我每天都会花至少5个小时来做面试准备。工作日的话，我就利用下班之后到晚上睡觉之前的所有时间，早上也会早起，以确保每天投入的时间。周末基本上是全部搭进去的。“当被邀约面试的时候，最好不要安排就近的日期，定在一两周之后更好，这样才有充分的时间去做准备。虽然推后一些时间会影响公司对你的评判，但如果没准备好就去面试的话，也无法顺利通过面试。”这也是安斎前辈给我的建议。

我通过公司主页、网络新闻、书刊、视频等渠道详尽地调查了“纯真熊猫·日本”株式会社的资料。然后，我把他们品牌的所有TKG产品（24种）全数买回来试用了。

以前参加其他公司的面试时，我都觉得“自己有TKG行业的经验，没必要做什么行业研究”。

认为自己是业内人士，也大概清楚其他公司的产品线和畅销产品，对各家公司的强项也都还算了解。

但是，那都是我的自以为是。

光靠我自己的“大概清楚”“以为了解”，是无法超越面试官的期望值的。既然是业内人士，那自然多少都会有些行业知识储备，但这样只不过是“符合期待”罢了。

招聘要求里有个必要条件是“有3年以上TKG或者相似行业的经验”，这的确是一个“期望值”。但如果只是出身于TKG行业，具备一些基础知识的话，只能满足最低限度的必要条件，完全无法超越。

“纯真熊猫·日本”株式会社不是TKG行业内的大型企业。

硬要分类的话，它应该属于专注在特定需求领域的外资品牌。

它和这个行业的正统品牌POPAI采取了截然不同的经营策略。

POPAI一般只关注同级别的日系竞争对手，对外资品牌和细分领域的中坚企业并没有做过深度分析。

我第一次试用“纯真熊猫”的TKG产品后，意外地发现日系品牌的TKG产品和外资品牌的其实有很大区别。

“纯真熊猫”的TKG产品给人的感觉很温暖，不仅通体透明，功能多样，而且色彩丰富，极具设计感。于是，我决定再多试几家也在做垂直细分领域的外资品牌的TKG产品。

“牙买加金刚”和“棉花糖鳗鱼”的TKG产品又给了我完全不一样的使用体验。它们移动轻便，内侧是骨架设计，触感很好，是很别致又很厉害的产品。怪不得总有一些狂热粉丝为这些高价外资产品买单。

POPAI社内的报告资料里只会把外资品牌统一划分为其他类，试过之后我才知道，原来外资品牌也各有千秋，而且垂直细分领域其实别有洞天。

我不禁有些兴奋起来。

原来我一直都不了解真实的TKG行业啊。在POPAI一直做杂务和应酬社内酒局，我完全忘记了要站在顾客的视角去看待产品这么重要的事情。

对了！

安斋前辈一直说的要做彻底的产品测试、要和所有的竞品去做比较，其实就是站在顾客的角度去考虑吧。

在策划产品或者服务的时候，说到底还是得站在用户的视角去看待问题。在参加工作面试的时候，不是站在求职者的角度，而是要站在面试官的角度去思考如何突破面试官的期望值。

重要的不是自己，而是对方。

要站在对方的角度，不停地认真思考对方在想什么、对方看重什么。这不仅是找工作的门道，也是商业之道。

我觉得这个观点是一通百通的。

所以我才顺利地通过了第一轮面试。

只有当你对公司的产品或者服务、对行业本身、对客户当下的需求有过深度思考之后，在做自我介绍以及阐述志愿动机的时候，才会自然而然地符合应聘公司的“预期”。

在充分了解了对方的需求和对方当前的情况之后，才会知道从什么角度介绍自己的强项和技能可以增大被录取的可能。

对应聘企业和行业做的详尽调查，以及测试各种产品的事先准备，会在面试的时候让面试官认可你的热忱态度和知识储备。**而且，当你做自我介绍和阐述志愿动机的时候，也会用更能获得好评的描述方式去讲自己的故事，面试结果也会被彻底改变。**

我承认这的确是“最终武器”。

这两周内，我为了尽全力做面试准备，甚至牺牲了睡眠时间，还斥巨资买了好几十个定价较高的外资品牌TKG产品来测评。但只要这次面试成功，自己就有希望涨薪，那么这些投资后续一定能收到回报的。

我就是凭借这份坚韧的意志，在最后一轮面试之前还做了10天的企业和行业调研。

说来惭愧，我明明都在这个行业做了4年多了，却是头一回这么认真、彻底地思考TKG行业的未来，以及大企业品牌、外资品牌、细分领域品牌的TKG产品。

不过，这次不再是为了给上司交差而去做PPT资料，而是真的站在“客户视角”在看产品。

我今天将会迎战“纯真熊猫·日本”株式会社的最后一轮考验。

不管怎么说，我会竭尽所能。

如果这样还是拿不到OFFER，那我也认了。

如果没有竭尽所能，那落选的确很可惜。

但这次我知道自己已经把能做的都做了，我比任何人都认真地做好了详尽的事前准备。

如果这样还是改变不了落选的命运，那我只能说缘分还没到。

既然事先做了充分的准备，那剩下的就要靠面试现场的发挥了。

“我叫松村辉，今天感谢您抽空来面试我，请多多关照。”

“你好，我叫望月，是‘纯真熊猫·日本’株式会社的常务董事，全权负责销售和市场方面的工作。我听第一轮的面试官山崎说过你，他对你在POPAI的工作经验，还有你对行业的看法，以及你的自学态度都给予了高度评价。”

“谢谢，您这么说我很荣幸。那次面试时，我也听山崎经理介绍了贵公司目前的课题，受益匪浅。面试后，我也思考了很多。”

“课题？你是说‘开发新的客户群体’吗？”

“是的，没错。山崎经理说，现在的‘纯真熊猫’太过于依赖多年以来的老顾客，无法吸引年轻的消费群体，也开拓不到新市场。”

“现状的确如此啊。那你有什么想法吗？和POPAI这样的大企业比起来，我们这些外资品牌比较小众，只有一些狂热粉丝买单，只能算是行业内的绿叶。山崎提到的‘开发新市场’，你怎么看？”

“那我就献丑讲讲自己的看法，还请您多指教。从结论来说，我的想法是贵公司暂时还不需要开拓新市场，眼下最重要的是固客。”

“哦？能不能仔细说说？”

“好的。现在的TKG市场是完全两极分化的。坊间一般认为，因为TKG产品的需求日常化和价格竞争日益激烈，市场对低价产品的呼声越来越高。但实际上，市场上的现状是‘超高奢路线’和‘低价平民款’并存的两极分化状态。

“我这次把‘纯真熊猫’‘牙买加金刚’和‘棉花糖鳗鱼’这些外资品牌的TKG产品都亲自试用了一遍，发现每个品牌都有其独特的魅力，产品的附加值也完全对得起它们的高价定位。但是，在客户服务体制上，比如售后维修、客户支持等方面，还没有完全得到客户的信赖。比如……”

那之后的20多分钟，我和望月董事一直在探讨TKG市场的现状和“纯真熊猫”的定位。亲自试用过那么多产品后，我先把感到疑惑的地方都调查了一遍，然后回过头重新试用。如果还是不懂，就会把使用说明再仔细看一遍，还会给“纯真熊猫”的客服打电话进行咨询。我把这个过程里的体验都告诉了望月董事。

“哎呀，真是没想到啊，你提到了一个很有趣的观点。这和可能成为你上司的山崎的想法属于完全不同的方向，但你有自己的见解，我觉得也很不错。不过，话说回来，客户支持……对我们这种外资品牌来说，的确是让人头痛的问题啊！像人力配备、和总公司沟通时的语言差异，等等，都有很多阻碍啊。

“哎呀，我们到现在为止面试了十来个人，你还是第一个从客户支持角度来看问题的，而且你还特地给我们的客服打电话体验咨询服务，从来没有一个人像你这样认真地思考产品价值和客户体验问题。真不愧是行业大拿POPAI培养出来的优秀人才啊！”

“谢谢您的夸奖。其实，只要站在客户的角度，就会自然而然地关注产品的价值、价格的平衡和决定是否购买时的顾虑因素等问题。”

当然，我的企业分析能力和POPAI没有一点儿关系，但如果POPAI能为我的能力背书的话，那也算是一种幸运。

我想把能用的都用上，包括POPAI的品牌效益，只要它能帮助我成功找到下一份好工作。

“那么，我还有最后一个问题。松村先生，如果进了我们公司的话，你想做什么样的工作呢？”

“我想做‘为客户服务的工作’。我希望能站在客户的视角，去思考TKG行业本来的样子。

“POPAI的TKG产品品质一流。但是，大企业特有的内部政治、为了流程合理而工作、社内调整，以及没用的报告、应酬等工作已经让重心发生了偏移，**POPAI这个品牌已经不再用‘客户视角’思考问题了**。

“我喜欢这个行业，喜欢TKG产品。但是，这些年价格战打得很激烈，导致其销售规模越来越小，我不希望它未来的结局是走向衰落。所以，我希望像‘纯真熊猫’这种独特又极具魅力的高价品牌能被市场接受，从而丰富市场的多样性。市场不应该是一家独大的，而是应该百花齐放，让消费者有机会体验到各式各样的TKG产品，这样才能盘活整个行业。我希望能参与创造这样一个市场环境。而且，我希望TKG产品能一直传承下去，让50年、100年后的后代也能继续使用它。”

最后，我把我的想法都如实相告了，包括我在POPAI感受到的异样感。

我觉得这样很好，毕竟那都是我的真心话。

如果因此而落选的话，我也没什么后悔的。

望月董事微笑着静静地看着我的脸。

“松村先生，我要给你发OFFER。”

“……欸？！”

我简直不敢相信我的耳朵。

什么？OFFER？

这句话着实令人意外，就连一直坐在一旁没有发言的人事部部长都变了脸色。

他赶忙上前制止望月董事。

“但……但是，望月先生，咱们还有很多人事手续没办，而且还没拿到社长的批准……”

“没事的。我会去做个交代的。你说的那些审批啊、流程什么的‘社畜’思维，我真的看不惯。你知道吧？我们公司也不是什么大企业，但是条条框框太多了。你作为人事负责人，也要好好思考一下了。刚才松村先生的发言，你也听到了吧？他可是有‘真材实料’的，对工作又有热情，对行业也有见解。虽然还只是个框架，但是他有思路啊。而且，山崎经理在第一轮面试中也给予了他很高的评价。你觉得还有什么问题？”

“但这是不是太仓促了……”

“小问题就交给我吧。我会去说服社长和其他人的……松村先生，你是个不会被社内规定束缚住思维的人才。

“**你是我们公司需要的人才，我很有信心**。希望我们能有幸借助你的能力，一起把‘纯真熊猫’在日本的市场做得更好。还有，像你刚才说的，我们一起改变这个行业吧。”

不顾惊讶到瞪大眼睛的我，望月董事还在继续说着。

“我呢，其实也是从大公司出来进入‘纯真熊猫’的。所以，你说的那些我都能感同身受。我也无论如何都不想成为‘社畜’，想从大企业的束缚里跳出来。在这一点上，我们很相似。”

一切发展得太顺利了，我都跟不上节奏了。

哈？好神奇！这么容易就拿到OFFER了？

不过，还挺有意思的。

我不禁喜上眉梢。

“松村先生，今天谢谢你了。正式的录用通知书需要等详细的手续，我们会通过飓风生涯株式会社再次联络你。那就拜托了。”

说完，望月董事和人事部部长起身离开了。

接下来，为收拾望月董事的“烂摊子”，人事部部长估计有的忙了。这还真是让我大开眼界。

“啊，松村先生，请留步！”

刚刚小跑着离开的人事部部长又折返回来，吓了我一跳。

“松村先生，你刚刚那一番发言真的很棒，把我感动到了。望月董事刚刚在面试中突然发出口头OFFER，虽然的确让我措手不及，但我完全同意你是‘应该被录用的人才’。我希望你一定要来我们公司，我想和你一起工作。我会加急处理你的录用通知书和相关文件，所以请积极考虑我们公司。拜托了！”

说完，人事部部长又小跑着回了办公室。

离开“纯真熊猫·日本”株式会社，我忍不住给自己比了个胜利的手势。

我想，这就是努力的回报吧。

换工作的黄金锦囊 19

取得胜利的唯一法则

故事就要走到尾声了，松村终于要拿到OFFER了。

他搏命的努力终于在最后一轮面试中得到了回报。

关于努力，我也有一个难忘的故事。

在2021年4月举行的日本游泳锦标赛女子100米蝶泳决赛中，池江璃花子斩获冠军，赢得了东京奥运会的参赛权。但是，2年前她被确诊罹患白血病。经过一段艰辛的治疗过程，她在锦标赛前不久才回归赛场。

决赛后半场，她一鼓作气超过其他选手，拔得头筹。回头看自己的计时表时，池江璃花子对自己比了个胜利的手势，顷刻间泪如泉涌。在之后的记者采访中，她一边忍着泪水一边带着哭腔这样说道："我从5年前的奥运会预选赛开始就一直没什么自信，觉得自己离胜利还很远……但是我一直坚信，不论多艰难，只要努力就一定能得到回报。"

你觉得"只要努力就一定能得到回报"是真的吗?

不好意思，我觉得并不一定。有时候不论你怎么努力，不行就是不行。

这是人生真理，也是商业之道，同样适用于换工作。

并不是说拼命努力写好简历、做好面试攻略，就一定能拿到OFFER。努力，并不一定能得到回报。

可即便如此，“相信努力会有回报”这种信念很重要。

池江璃花子能够战胜病魔，获得胜利，再次回到奥运会的舞台上，就是因为她相信她的努力早晚会得到回报。所以，不论治疗过程多么艰苦，她都没有放弃，她都凭借着坚韧的信念坚持了下来。

在这个世界上，取得胜利的方法只有一种，那就是一直坚持努力，直到胜利为止。要始终坚信“这份努力迟早会有收获”，屡败屡战，越挫越勇，永不放弃才行。

在换工作的过程中，不论你怎么努力，最后的结局大概率还会靠“时机”和“运气”。

正因为如此，我相信，只要有一股强烈的执念和信念，在哪里跌倒就在哪里爬起来，那就一定能迎来最后的胜利。

要靠自己做决定

两天后，我收到了椎名学姐的电话。

“松村君，恭喜你啊！OFFER出来了！不过，你也太厉害了吧，能让公司董事当场拍板！你到底是怎么做到的？听说对方对你的评价格外高！”

“谢谢你啊，椎名学姐。有人给我指点了面试的‘最终武器’。而且，能够遇到‘纯真熊猫’也是多亏了你呀。”

“……松村君，怎么感觉你像转性了一样？之前明明还那么唯唯诺诺的。换工作的过程是不是很让人成长啊？噢，对了！因为你的面试结果很好，所以公司给的薪资也很好。等下挂了电话，我就给你发文件。接下来要谈条件了，你先好好看看录用通知书再做决定吧。”

椎名学姐发来的“录用通知书”“劳动条件通知书”上写的年收入比我现在在POPAI的收入要高出60万日元。

真不愧是外资企业。虽然公司规模不大，但是人均销售额和商品利润高，自然薪资水平也高。难怪他们的TKG产品售价比POPAI的贵了5倍。

我之前一直那么想要的OFFER，现在到手了，反倒没什么实感。

我真的拿到OFFER了。

到此为止，我的换工作旅程算是结束了，我要和POPAI说再见了。

我突然想起了哥哥曾经说过的话。

我刚打算换工作的时候，最先是找哥哥商量的，当时被他在电话里教训了一顿。

“等你辞职了才会明白，现在所在的企业其实挺良心的。跳出去就会变好这种想法，根本不切实际。”

跳出去就会变好这种想法，根本不切实际。

没错，这可能也是一种结局。从POPAI跳去“纯真熊猫”之后，一切都会变得顺利，这应该没有可能。

和年功序列制的POPAI不同，外资企业应该会非常看重工作结果，搞不好我还有可能会被炒鱿鱼。对于20来岁的我来说，接受“涨薪60万日元”的同时，也背负了“被外企炒鱿鱼”的风险。这份OFFER的吸引力大到我要背负这个风险的程度了吗？

而且，外资企业的福利待遇肯定也没有POPAI的那么好。

但换了工作就可以立马脱离POPAI的环境了。如果从长计议，综合待遇、未来性考虑，到底要怎么选择呢？

不知怎的，走到这一步，我反而没有信心了。

虽然我对“纯真熊猫”的印象很好，但是我真的能在外资企业生存下去吗？毕竟一直以来我都在大企业的庇佑下过着温水煮青蛙的日子。

“松村君，你的烦恼我都懂。我之前也换过两次工作。每次都有得有失，自己也放弃过一些东西。”

“椎名学姐，你在决定要不要换工作前也挣扎过吗？”

“当然啊，两次都经历了一番心理斗争。其实每个人都会这样，在做决定前会权衡各种条件，因担心环境的改变而变得不安、敏感和脆弱。所以，也有一些人好不容易拿到了OFFER，结果却因为不确定自己能否适应新环境而放弃了。毕竟在进新公司之前，谁也无从得知这家公司是什么情况。”

“那要怎么做才能打消这种不安呢？”

“不安是不会消失的，换工作前的犹豫、刚换环境前后的压力，其实都不会消失。但最后大家还是会换的，虽然决定的时候没有信心一定能搞得定。我不会勉强你接受这个OFFER的。我能做的只有祝福，希望你这次换工作一切都顺顺利利的。换工作本身就有风险，换了之后也未必一定会幸福，但这就是换工作本身所伴随的东西。想要事事如愿，却又不想背负风险，这世上没人有这个本事。

“但是，如果你害怕一切风险，觉得大企业的安定环境比什么都重要的话，那从一开始你就不会产生想离开POPAI的念头。松村君，到你做选择的时候了，不为公司，也不为别人，就遵从你的内心。你想一想，现在你最想得到什么？”

我又回想了一遍自己换工作的轴心。

- 能够发挥自己过往工作经验的公司。
- 能给出更高年薪的公司。

“纯真熊猫·日本”株式会社很明显满足这两个条件。

所以，我想做的事情和我想通过换工作实现的事情，肯定都能达成。

但是，除了这两点，我应该还会失去一些其他东西。一想到这里，我不禁有些害怕。本来开始准备换工作的事情之前，我在内心已经做好了优先级排序，但这一刻我的内心被不安笼罩了。

我还可以选择继续留在POPAI。

或者继续参加其他公司的面试。

如果我选择去“纯真熊猫”的话，我应该能做我想做的事情。但是……

我该怎么办才好?

如果错过这次机会的话，也不知道下次面试我的公司能不能给我发OFFER，也许我就错过了换工作的良机。

想早点儿逃离POPAI，是我真实的想法。

到底该怎么办?

要不找个人商量一下？要不去新宿那家酒吧看看?

感觉安斋前辈应该能给我很精准的建议。

我的脑子里又浮现出了那个雨夜。

就在我目光呆滞、内心空落落地站在书店里，拿起一本与换工作相关的书籍时，安斋前辈笑盈盈地邀请我一起用餐，然后告诉了我换工作的“最终武器”。

最后，他这样说道：“**自己的路要自己选。我可以教你怎么换工作，也可以教你怎么面试。但是，你该走哪条路，我可不知**

道。以后不许再问我‘该怎么办’了。”

我恍然大悟。

原来他早就告诉我答案了。

虽然我也想早一点儿把拿到OFFER的好消息告诉他，但这次就算了吧。

我还是改天再去见安斋前辈吧。

现在我必须自己做决定。

如果安斋前辈叫我留下我就留下，叫我辞职我就辞职，那就没有任何意义了，那样我和POPAI的“社畜们”也就没什么区别了。

我要自己思考，自己得出结论。

…………

我决定了，我要换工作。

对方会给我发OFFER，就意味着我是被需要的。

在入职之前一味地担心自己是否能够胜任，是没有意义的。

就连望月董事也在面试的时候说过他是相信我的，所以他们才决定录用我。

那我就去“纯真熊猫”吧！

然后，POPAI，再见了！

换工作的黄金锦囊 20

“正确答案”是无法预知的

我不是很喜欢“自己选择的路就是正确的路”这个观点。

这不过就是句漂亮话罢了。

在过去的职业选择中，我有过几次失败的经历。尤其是我第一次换工作后的经历，如今回想起来，仍觉得那是我人生中最大的失败。

那个时候，我完全不想去上班。工作使我陷入抑郁状态，让我对自己的人生深感不满，我也很讨厌当时整个人都很灰暗的状态。

但是，我通过换工作成功地逃脱了那个环境。

第二次换工作之后，我的人生焕然一新，生活态度也变得积极向上，性格也比从前更加开朗、柔软。

我之所以会有这样的改变，是因为“我并没有认定自己的选择一定是正确的”，我坦白承认自己曾经选错了。

我并没有把眼前明显错误的选择硬说成正确的，而是放弃了过去的选择，相信自己下一次可以做出正确的选择，才下定决心再一次换工作的。

人不可能一生“绝对不失败”，任何人都有可能经历失败或挫折。重要的并非“不失败”，而是“从失败中站起来”。摔倒之后爬起来，人生才能重新来过。

换工作是伴随着风险的。至于换工作是否正确，我们无法预知。

即便如此，还能鼓起勇气向前踏出一步，人生才有机会迎来改变。

没关系的，就算做了错误的选择，只要坦诚面对，重新做一次选择就好了。

那一天感觉自己仿佛长出了翅膀

那天，我被高桥次长叫到了一间小会议室。

“松村，你给我解释一下，为什么这个月你才加班10个小时。这未免也太少了吧？我还听说，你最近总因为一些有的没的事情请假，你周围的同事对你这样的表现有很大意见啊。还有上周，明石本部长出席的‘POPAI 派对之夜’，你怎么一次会结束就回去了？从来没听过年轻员工参加董事会成员出席的应酬，一次会结束就走的……

“你的问题已经很严重了。就连前原部长都注意到你对公司不够忠诚了。再这样下去，你可不够格当POPAI人了。我说得隐晦，你懂的吧？再这样下去你会被咔嚓掉！”

负责指导我工作的植野系长也站在一旁。

“松村君，听懂了吧？高桥次长已经很为你着想了。加班是年轻员工的义务，不参加公司应酬就是违反就业规则，违反了POPAI的规定。你再这样下去的话，下个月可就要登上人事调动的名单，被扔出去了哟。还不赶紧跪下，现在，立刻，马上，跪下大声道歉，好好反省一下你的问题行为。”

“喂！你怎么回事，松村？！在神·高桥面前，你是跪还是不跪？！”

“我不跪。我要辞职。”

我从口袋里掏出了准备好的**离职申请**，放到了桌子上。

高桥次长和植野系长的脸瞬间变得铁青。

仿佛看到了“魔鬼”一般，两个人瞪大眼睛看向我。

“什么？？”

“你到底在说什么？是不是脑子进水了？精神不正常吧？！你居然要辞职？！ POPAI 的字典里可没有‘离职’两个字！”

“你这家伙！！松村！！你可真是准备了一份大礼啊！你准备这份离职申请是要让神·高桥丢脸吗？！你居然忘记了公司对你的栽培，不报恩就想走？你是认真的吗？你真的搞清楚情况了吗？别人求都求不来的这份工作，你居然不要了？这辈子高达2亿日元的收入，你也不要了？你绝对会后悔的！！”

“你再重新考虑一下，松村！像你这样天赋极差、没什么作用的年轻员工，辞职也改变不了现状。如果在POPAI你都不行，那你去哪里都一样！！你要在这个公司向上爬，去当世界级的POPAI 人！！趁现在还来得及，你赶紧跪下表演个段子，让我们乐一乐，我们就原谅你了！”

“是的！植野君说得好！你这家伙也没什么本事，就算从POPAI离职也不会有什么改变，你早晚会后悔的。劝你别冲动啊，松村。这可关乎我这个次长的面子。

“如果你继续留在POPAI的话，我可以考虑让你上位，也会举荐你出席明年的POPAI运动会。怎么样，松村，这个条件不差吧？”

“换工作后会不会有改变，只有换了才知道。高桥次长、植

野系长，感谢两位这么久以来的关照。”

高桥次长一脸不可置信，而植野系长已气到浑身发抖，我没管那么多，转身离开了会议室。

然后，我去员工食堂旁边的咖啡店买了杯咖啡，休息了一会儿。

啊，终于都说出来了，真好。

提离职也是很费神的一件事啊。今后我肯定会被周围的人当作“叛徒”的，但我还是会认真地做好交接工作，挨个儿去和关照过我的同事打好招呼，不留遗憾地离开这里。

4年半说长不长，说短不短。

不知怎的，我明明这么讨厌这里，但一想到要离开，居然还有些不舍，不过只有一点点。

我是要换工作的。

要说我一点儿也不害怕，肯定是假的。但是，这次我听从自己的内心选择了一条自己相信的道路。不是服从公司安排，也不是听信旁人的建议，也没有用排除法选择一条最安稳的路，而是经过认真权衡后，独自踏上了自己选的路途。

这一点让我很开心。

我再也不是“POPAI的松村”了，我不需要POPAI的名号了。当然，我也不是“‘纯真熊猫’的松村”。

公司叫什么名字都与我无关，因为我已经有了自主选择的能力。

我能拿到OFFER。

我能感觉到自己的能力是被社会需要的，这令我高兴不已。

我曾以为自己没有“市场价值”，虽然现在可能仍没有强有力的“市场价值”，但我已经学会了在换工作的过程中创造价值的方法。而且，社会上的确有公司需要我这样的人才。

我感觉这次换工作让自己重生了。

换工作的确有改变人生的力量。

原来安斋前辈和深田前辈说的是真的。

回想半年前，那时我强烈感受到自己与POPAI格格不入，还深陷在逐步逼近的危机感中，唯唯诺诺的，什么都不敢做，只会沉着脸低下头去。

我想对那时的我说：

你的未来即将发生改变。

你现在采取的行动是正确的。

不要把自己的人生托付给公司，要按照自己的意愿而活。

要走自己的路。

在你的职业生涯走进死胡同之前。

换工作的黄金锦囊 21

换工作所带来的收获

你觉得换工作对于人生而言意味着什么呢？

上班的公司变了？

职业或者行业变了？

又或者是换了一批同事？

还是收入、待遇变了？

当然，这些变化都会存在。但是，在整个换工作的过程中，发生在你自己身上的变化绝不仅限于此。

对于大部分人来说，换工作是第一次“自主选择”。

也许有的人会说，考高中、考大学时的择校，以及毕业后的第一次找工作，都是“自主选择”的经历。但实际上真的是这样吗？

你为什么要考高中？又是按照什么标准择校的？是不是听从家长和老师的建议，选了一个以自己的成绩可以进的学校？

那考大学呢？应该大多数人是因为周围的同学都在备考，父母也觉得“还是上大学比较好”，所以才随大流去读大学的吧。

毕业后的第一份工作也是同理。校招是统一招聘，升上大三就等于默认开启了求职准备，是不管怎么说都必须做的事。于是，你便开始做各种公司调研，跑各大面试专场，最后拿到

OFFER就去那家公司上班。这应该是大部分人的真实写照吧（我自己就是）。

大家一直以来都是“被动接受”的，什么也不用主动思考，上了初三就自然而然地要考高中，到了高三又自然要去考大学，而到了大三就要开始准备就业。

但是，换工作不一样。

换工作不是“被动接受”的，它不是被预设在某一个时间点的任务。就算不换工作，也不会被别人说什么。在日本，换了工作反倒会被周遭的人用异样的眼光看待，因此大部分人会选择和周围人一样，一直待在同一家公司。这样不需要鼓起勇气，也不需要努力奋斗，精神压力会小很多。

正因此这样，换工作这个决定才有了别样的意义。

使用排除法选择安稳道路的人，是一定不会换工作的。换工作对于大多数人而言，是第一次完全出于自己的意愿做出的选择。他们肯承担风险，为自己想要的人生付出努力。

但是，也有人几十年都下不了决心做这个选择。他们意识不到近在眼前的换工作这个选项，一边说着“工作好无聊”“现在的公司很差”，一边仍会继续忍耐，慢慢抹杀自己内心的真实想法。

换工作其实就是在选择属于自己的人生。

换过一次工作的人，思考方式会发生很大的转变。

他们不会再以“被动接受的姿态”来勉强维系眼前的工作，也不会靠惰性继续留在现在的公司，而是会用自己强烈的自主意识选择自己的人生，狠狠地抓住“自由”。

我坚信，换工作的确有改变人生的力量。

尾声

我从POPAI离职，跳到“纯真熊猫·日本”株式会社，转眼已经过去一年了。

听说椎名学姐和“巴祖卡新井”顺利结婚了，现在已经怀孕，开始休产假了。也不知道巴祖卡和独立又美丽的椎名学姐会生下一个什么样的小孩儿。

还有深田前辈，听说他的上位势如破竹，已经升到了资深经理的位置。不愧是从前的四大天王之一、“EXCEL贵公子”。

至于金田，听说他被调到大阪后交到了志趣相投的朋友，后来也离开了POPAI，准备和这位朋友一起独立创业，开一家新式猫咖“春香天地”。

而安斋前辈除了在现在的公司做产品策划经理，负责新产品的策划和上市之外，还做起了副业，当了作家，实现了他的梦想。

他到底写了什么书呢？

反正我是不知道的。

每个人都有属于自己的路。

大家都按照自己的意愿选择了自己的职业道路。

关于每个人的职业发展道路，是没有正确答案的。

人生也一样。

正因为如此，我们才不能把决策权交给别人和公司，要倾听自己的内心，用“自己的能力”去把控这条路。

这是我从大家身上学到的东西，从深田前辈、安斋前辈、椎名学姐和金田身上学到的东西。

“喂，松村，你这个资料做的是什么呀？！你进公司多久了来着？真是的！这个方案，你真的觉得能让客户满意吗？”

“放心吧，前辈。你看看这个数据，这是最新的调查结果。市场上一般认为，圆形的TKG产品更受欢迎。但是，这个调查结果显示了一个有趣的事实。实际上……”

“你这家伙，不错啊！像你这么有行动力又会分析的优秀人才，我们公司真是很难找出几个。琐碎事务，你也处理得干净利落；PPT资料，你也做得很漂亮！真不愧是从POPAI出来的人啊！”

“和POPAI没关系。我就是我。”

说着，松村看向了窗外的天空。

万里无云的晴空，广袤无垠的蓝天，一眼望不到天际。

写在结尾

考不考虑把“100天后蜕变成‘跳蚤’”的故事写成书？

KANKI出版社的金山老师找到我的时候，我心动了。

这一刻终于来了吗？

2020年秋冬之际，我在个人博客“跳槽狂魔只在深夜沉睡”上连续更新100天，记录了安斎响市和POPAI的故事“100天后蜕变成‘跳蚤’”。本来写这个故事完全是出于个人兴趣，是为了满足自己的写作欲望，结果却收到了很多好评：“有意思。”“感觉像在说我所在公司的事情。”“被最后一段感动到了。”这些好评后来被出版社看到了。

原本我计划将博客原作直接出版，但最后只保留了POPAI的故事背景，然后我重新创造了新的主人公“松村辉”，写就了这部全新的作品。

因为我觉得原作中还有很多不足的地方。

故事的开头，松村低着头走在自己的影子里，后来他的神情逐渐发生了变化，到最后他头顶的天空逐渐放晴。他的人生在第一次换工作之后发生了改变，就像那延展到天际的晴空一般。

相信读完这本书的你也一样看到了“自由的翅膀”和找到了“换工作的‘最终武器’”。

此次我能写就这本书，还要感谢各方的大力支持。首先，要感谢的是KANKI出版社的金山老师，感谢他不辞辛劳，让这本从头到尾有很多不足的小说顺利出版。然后，对策划、编辑、校对、设计、印刷、促销等各环节的工作人员，再次表示由衷的感谢。

此外，还有故事中“深田前辈”的原型——我换工作过程中的“战友”DA氏、告诉从前的我“换工作”这个选项的我敬爱的师傅KM氏、我的大学好友及写作路上的前辈AW氏，以及一路以来都在支持我的妻子和家人们，我也想借此机会对大家表示感谢。

最后，对读完整篇故事的读者朋友们，也表示深深的感谢。

我笔下的故事还将继续。衷心祝福各位都能拥有幸福快乐的职场生活和成功的换工作经历。

那么，写到这里我就要和大家说再见了，让我们有缘再相逢。

安斋响市期待与您的邂逅。

2022年4月